Este libro fue estructurado con el principal deseo de empoderar a todos los niños de todas las capacidades y habilidades, para que adquieran la educación necesaria para progresar en la vida con las mejores oportunidades posibles de éxito en su escolaridad, carrera y posición social dentro de la sociedad.

Constantina Akrotiriadou es una profesora de educación especial que actualmente trabaja como profesora supervisora en un jardín de niños y después de horas continúa enseñando a estudiantes con y sin discapacidades. Su pasión por la enseñanza la lleva a ayudar activamente a niños con todo tipo de dificultades de aprendizaje de todo tipo de antecedentes. Con plena experiencia previa, el interés particular de Contantina es el autismo y el síndrome de Down, así como mediar entre el estudiante y los padres para optimizar las oportunidades del niño para obtener el mejor rendimiento académico y personal posible. Su propósito es enseñar a los estudiantes a ser independientes en el aprendizaje y en su vida personal. Completó su educación y obtuvo un MBA en Educación Especial (Inclusiva) en julio de 2013 y debido a su espíritu devoto e inquieto, adquirió otro MBA en Tecnologías de Aprendizaje y Comunicaciones en julio de 2016.

Lema de vida "Nunca dejes de aprender"

Renuncias de responsabilidad para este libro

Ninguna parte de este libro puede ser reproducida o traspasada en cualquier forma o por cualquier medio, electrónico o mecánico, incluyendo fotocopias, grabaciones o por cualquier sistema de almacenamiento y recuperación de información, sin el permiso por escrito de los autores.

La distribución, duplicación o proyección de este material y / o cualquier parte del mismo en cualquier forma está prohibida. Cualquier duplicación o copia se considerará una violación de los derechos de autor. Los infractores estarán sujetos a enjuiciamiento conforme a la ley. El usuario de esta información lo hace a su propia discreción y el usuario es totalmente responsable de las consecuencias de la misma.

Todas estas son estrategias investigadas y probadas por varios profesores y profesionales de necesidades especiales. Claro que, puede haber variaciones o diferentes estrategias de enseñanza que pueden funcionar para diferentes niños, ya que las posibilidades son infinitas y no pueden abordar todos los escenarios posibles. Además, estas son solo recomendaciones y deben llevarse a cabo bajo estricta supervisión y consulta de profesionales.

La información proporcionada en este libro es solo para fines informativos generales. Si bien tratamos de mantener la información actualizada y correcta, no existen representaciones o garantías, expresas o implícitas, sobre la integridad, precisión, confiabilidad, idoneidad o disponibilidad con respecto a la información, productos, servicios o gráficos relacionados contenido en este libro para cualquier propósito. Cualquier información contenida en este documento no pretende ser una recomendación, solicitud o consejo para realizar ningún acto de ningún tipo. Cualquier declaración u opinión hecha puede ser personal para los autores. Las personas que utilicen cualquier tipo de esta información actuarán bajo su propia responsabilidad y serán responsables de cualquier resultado.

Los autores han hecho todo lo posible para asegurar que la exactitud de la información contenida en este libro sea correcta al momento de la publicación. Bajo ninguna circunstancia los autores tendrán responsabilidad alguna ante cualquier persona o entidad por (a) cualquier pérdida o daño total o parcial causado por, como resultado o relacionado con cualquier uso de información relacionada con este material o (b) cualquier daño directo, daños indirectos, especiales, consecuentes o accidentales de cualquier tipo. Los autores no asumen y por la presente renuncian a cualquier responsabilidad ante cualquier parte por cualquier pérdida, daño o interrupción causada por errores u omisiones, ya sea que dichos errores u omisiones sean el resultado de un accidente, negligencia o cualquier otra causa.

Este libro contiene información con la intención de ayudar a los lectores a ser consumidores de atención médica mejor informados. Se presenta como un consejo general sobre el cuidado de la salud. Siempre consulte a un médico calificado para sus propias necesidades o las de su hijo.

Ayuda para el Síndrome de Down

ISBN 978-9925-585-02-1

Este libro fue traducido por Pilar Santos de inglés a español

Contenido

Prefacio

Estructura, objetivos y filosofía de los libros

Según las estadísticas publicadas en mayo de 2016 por el Centro Nacional de Estadísticas Educativas, en 2013-14, alrededor del 13 por ciento de todos los estudiantes de escuelas públicas, de 3 a 21 años, estaban recibiendo servicios de educación especial. Eso representa alrededor de 6.5 millones en los EE. UU. De los estudiantes que reciben servicios de educación especial, el 35 por ciento tenía discapacidades específicas de aprendizaje. La demanda de más información y estrategias para lidiar con las discapacidades de aprendizaje es incesante y la investigación revela nuevos hallazgos cada vez con mayor frecuencia.

Cuando se enfrenta a la aventura diaria de enseñar una lección o ser padre de una manera que sea beneficiosa para el niño, ya sea que tenga dificultades de aprendizaje o no, a veces es una tarea abrumadora y esto es exactamente lo que este libro intenta facilitar. Algunas preguntas típicas son:

¿Por qué no puedo hacer que se sienten tranquilamente durante la clase?

¿Cómo puedo trabajar con la escuela de mi hijo para mejorar su educación?

¿Qué puedo hacer para mejorar las habilidades de lectura del niño?

Este libro tiene como objetivo ayudar a aclarar algunos de estos temas y abordar estas preguntas informando al lector sobre qué son las discapacidades de aprendizaje, los tipos de discapacidades, junto con sus características y causas. Finalmente, en cada capítulo, incluiremos una lista completa de estrategias para maestros y padres con el objetivo de lograr el éxito académico, social y personal del niño. El enfoque está dirigido principalmente a la enseñanza no solo desde un punto de vista académico, sino también a contribuir con algunas ideas para mejorar la vida personal y social del niño y los cuidadores. Sin embargo, animamos a todos a leer el libro completo para obtener una visión más completa y holística de las discapacidades del aprendizaje, independientemente de las secciones de contenido que se hayan categorizado para padres y maestros.

Para los padres y maestros, estar regularmente informados y actualizados sobre las dificultades de aprendizaje los coloca en la posición óptima para brindar la mejor educación posible a cualquier niño en desarrollo, independientemente de su potencial. También debe tenerse en cuenta que el diagnóstico temprano es fundamental; Al identificar y abordar inmediatamente una dificultad, se pueden evitar muchos problemas posteriores.

Hay innumerables niños y adultos con discapacidades de aprendizaje que, debido a la ayuda y la intervención temprana correctas, ahora llevan una vida normal y funcional y, a menudo, pueden prosperar en sus carreras y vidas sociales.

El aprendizaje para todos los niños de todos nacionalidades y culturas, a pesar de su potencial, debería ser un proceso divertido y este es, en última instancia, el objetivo de los autores de este libro. Dicho esto, cabe señalar que algunas de las estrategias de enseñanza pueden requerir una cantidad considerable de tiempo, que podría no estar al alcance en un salón de clases tradicional. Sin embargo, dado que este libro está dirigido a todo tipo de educadores y padres, enumeraremos todas las posibles estrategias de enseñanza y mecanismos de afrontamiento para diferentes tipos de discapacidades. Los educadores y los padres deben poder elegir las estrategias que mejor se adapten a su horario y recursos. De esa misma manera, por favor disfrute de la lectura.

Las revisiones conducen a mejores futuras versiones de libros..

Nos encantaría conocer su opinión sobre este libro, ya que valoramos sus opiniones. Este libro está muy cerca de nuestro corazón y nos gustaría comprender el valor que aportamos a todos nuestros lectores. Por favor, tómese 2 minutos para brindarnos una reseña (MUCHISIMAS gracias)!

"Deja de intentar 'enmendarte' a ti mismo; ¡NO estás roto! Eres perfectamente imperfecto y poderoso sin medida". Steve Maraboli.

Introducción

Introducción A Las Discapacidades Del Aprendizaje

"Los problemas de aprendizaje no se pueden curar, pero los niños pueden ser tratados con éxito y pueden vivir una vida feliz y exitosa". Anne Ford

La definición de Discapacidad en el Aprendizaje (DA), según la Ley de Educación para Personas con Discapacidades (IDEA), se describe como un trastorno en uno o más procesos psicológicos básicos dentro de la comprensión o en el uso del lenguaje, hablado o escrito, que puede manifestarse en un capacidad imperfecta para escuchar, hablar, leer, escribir, deletrear o hacer cálculos matemáticos. El término incluye afecciones como discapacidades de percepción, lesión cerebral, disfunción cerebral mínima, dislexia y afasia con posibilidad de desarrollarse. El término no se aplica a los niños que tienen problemas de aprendizaje que son principalmente el resultado de una discapacidad visual o auditiva, retraso mental, trastornos emocionales o desventajas ambientales, culturales o económicas.

La discapacidad de aprendizaje es el término general para describir un conjunto de muchas otras discapacidades de aprendizaje más específicas, como la dislexia y la disgrafía.

Las discapacidades del aprendizaje son un problema neurológico. Estos problemas con el procesamiento de información básica naturalmente tienden a interferir con el aprendizaje de habilidades básicas como leer, escribir y realizar cálculos. También puede haber una interferencia notable con habilidades más avanzadas como organización, razonamiento abstracto, planificación del tiempo, memoria y atención. Cabe destacar que las discapacidades de aprendizaje pueden afectar la vida de una persona más allá de lo académico, como su relación con la familia y los amigos.

Dado que las dificultades con la lectura, la escritura y las matemáticas son notables durante los años escolares, los síntomas y signos se diagnostican generalmente durante los años académicos. Sin embargo, hay casos en los que las personas no son evaluadas hasta más tarde durante la educación postsecundaria o incluso más tarde en sus carreras. Como resultado, algunos continuarán con sus vidas y pueden experimentar problemas en sus relaciones y en la fuerza laboral sin recibir ningún diagnóstico o ayuda.

Por un lado, el desafío que plantea nuestro idioma hará que las discapacidades de aprendizaje sean más fáciles de rastrear y diagnosticar, pero por otro lado, los niños con dificultades de aprendizaje se enfrentarán a un desafío mucho mayor al aprender algunas habilidades lingüísticas básicas como la lectura y la escritura.

Desafortunadamente, las discapacidades de aprendizaje no se pueden arreglar o curar.Seguirá siendo un desafío para toda la vida. Sin embargo, con el apoyo y la intervención adecuados, las personas con discapacidades de aprendizaje pueden lograr el éxito en la escuela, las relaciones y su carrera.

Las dificultades de aprendizaje, (DA), no se pueden definir como un solo trastorno, sino que incluyen una gama de diferentes discapacidades en muchas o algunas de las 7 áreas de lectura, lenguaje y matemáticas. Estos tipos de discapacidades a menudo coexisten entre sí junto con problemas de habilidades sociales y trastornos emocionales o del comportamiento. Debido a que la mayoría de los niños con DA tienen sus principales déficits en lectura, la mayor parte de la información disponible sobre problemas de aprendizaje se relaciona con problemas de lectura. En la mayoría de los casos, se trata de un trastorno de por vida que se trata centrándose en las fortalezas del individuo.

Es importante señalar que la definición no puede atribuirse principalmente a retraso mental, trastorno emocional o diferencias culturales. El coeficiente intelectual de la persona tiene poco o ningún impacto en el nivel de su DA. DA se centra más en la inconsistencia entre el rendimiento académico de una persona y su potencial para aprender. En la mayoría de los casos, los individuos tienen una inteligencia superior a la media. Esta es la razón por la que a menudo se la denomina una "discapacidad oculta" en la que, en apariencia, parecen perfectamente normales pero no pueden demostrar las habilidades de alguien del mismo rango de edad.

Si uno o más campos de desarrollo están deteriorados, cada uno debe evaluarse por separado de acuerdo con las siguientes especificaciones:

Dislexia

-Fluidez o velocidad de lectura

-Precisión de lectura de palabras

-Comprensión de lo leído

Se debe tener en cuenta que la dislexia es otro término que se utiliza para referirse a un patrón de dificultades de aprendizaje que se caracterizan por desafíos con descodificación, precisión, fluidez o reconocimiento de palabras deficientes, así como falta de capacidad ortográfica. También es importante identificar cualquier otra dificultad presente.

Disgrafia

-Organización de la expresión escrita o claridad

-Deletrear con precisión

-Precisión de la puntuación y uso de la gramática

Discalculia

-Recordar operaciones aritméticas

-Entender el sentido de los números

-Realizar cálculos fluidos o precisos

-Tener un razonamiento matemático preciso y correcto

El término discalculia es otro término que se refiere a las dificultades en el procesamiento de datos numéricos, realizar cálculos fluidos o precisos y aprender operaciones aritméticas. También es importante identificar cualquier otra dificultad presente.

Niveles de severidad

Leve: Esto es cuando hay dificultades con las habilidades de aprendizaje en uno o más áreas académicas, aunque solo lo suficiente para que el individuo pueda compensar o continuar funcionando cuando se le brinda el apoyo adecuado.

Moderado: Dificultades notables con las habilidades de aprendizaje de en una o varias áreas en la esfera académica y es poco probable que llegue a ser competente a menos que se le ayude con ayuda intensiva especializada. Como mínimo para completar las actividades de manera eficiente y correcta. Se requieren algunos servicios de apoyo.

Severo: Esto ocurre cuando hay graves dificultades con las habilidades de aprendizaje que afectan a más de un área académica, de modo que el individuo necesitará asistencia individual y especializada intensiva continua durante gran parte de sus años escolares. Aunque el individuo puede tener los servicios de ayuda o las adaptaciones adecuadas, es poco probable que esa persona complete todas sus tareas de manera eficiente.

La conciencia fonológica es una parte esencial de la lectura y sin esta habilidad, el niño no puede comenzar a conectar los sonidos del idioma con las letras o hacer combinaciones de letras. Un niño necesita poder aislar y combinar los sonidos en palabras para aprender a leer y deletrear. Para los disléxicos, esta puede ser una tarea muy difícil, como se muestra con su dificultad para decodificar y codificar.

Las habilidades fonéticas ayudan al individuo a decodificar palabras con las que no está familiarizado. Para hacer esto, la persona debe tener una conciencia fonética que le permita comprender que las palabras habladas son una secuencia de varios sonidos del habla separados que se producen en rápida sucesión. Entonces, al usar fonemas separados que son unidades de sonido separadas, se puede dividir una palabra.

Aprender la relación exacta entre las letras y los sonidos, y luego cómo usar estos sonidos para identificar correctamente las palabras, es lo que se conoce como dominar las habilidades de la fonética. La fonética sintética es el método preferido por los niños para construir la pronunciación de una palabra impresa mediante el sonido y la combinación de las letras. Un comienzo temprano es imperativo para construir una base sólida para su futura habilidad de alfabetización y los niños necesitan apoyo durante esta etapa y no deben quedarse solos para descubrir estos principios fónicos.

Hay 2 habilidades principales para leer; reconocimiento y comprensión de palabras. El reconocimiento es la capacidad de identificar la palabra en la página y es la base para poder leer más adelante para la comprensión.

La mayor parte del conocimiento fonético de un niño se obtendrá al leer libros apropiados para su edad y al escribir su propio material, como cuentos. Aquí el niño necesita seguir leyendo todos los días y reforzar lo aprendido. Es en esta etapa que a través de la lectura y escritura de las familias de palabras, el niño comenzará a familiarizarse con grupos de palabras que tienen sonidos similares.

Estos grupos de letras se reconocen más rápidamente a medida que el niño se va familiarizando con estas combinaciones. Es más fácil pronunciar partes de palabras en lugar de decodificar cada palabra y sus letras individuales. Ahora se piensa que la lectura más avanzada implica el reconocimiento instantáneo de grupos de letras familiares.

Para ser diagnosticado con una discapacidad de aprendizaje, se deben cumplir cuatro criterios de diagnóstico basados en el historial del individuo (familiar, médico, educativo, de desarrollo), evaluaciones psicoeducativas y diversos informes escolares.

1. Según el DSM 5, se trata de dificultades en el aprendizaje y el uso de las habilidades académicas según lo indicado por la presencia de al menos uno de los siguientes síntomas que han persistido durante un mínimo de 6 meses, a pesar de la provisión de intervenciones que tienen como objetivo dificultades:

1.1. El estudiante es lento e inexacto y muestra un gran esfuerzo, como cuando lee palabras sueltas en voz alta de manera incorrecta o lenta y vacilante, adivina palabras. El sujeto también tiene dificultad para pronunciar (vocalizar / leer en voz alta) las palabras que se leen.

1.2. Dificultad con la ortografía.

1.3. Dificultad para comprender el significado de lo que se lee; el niño tenderá a leer el texto correctamente pero no comprenderá los significados, inferencias, relaciones o secuencia más profundos.

1.4. Dificultades con la expresión escrita, como cometer errores de puntuación, múltiples errores gramaticales dentro de las oraciones. Además, los niños tienden a carecer de organización en los párrafos. A menudo, su expresión escrita de pensamientos e ideas no es clara.

1.5. Dificultades para dominar la estructura numérica, los hechos numéricos, el sentido de cómo calcular, lo que resulta en una comprensión deficiente de los números y lo que simbolizan, así como las relaciones de los números. Usará los dedos para sumar números de un solo dígito en lugar de recordar el hecho matemático como lo hacen sus compañeros. A veces se pierde en el cálculo aritmético y, en ocasiones, puede cambiar de procedimiento.

1.6. Dificultades con el razonamiento en matemáticas, por ejemplo, muestra una gran dificultad para aplicar conceptos, hechos o procedimientos matemáticos al intentar resolver problemas cuantitativos.

2. Las habilidades académicas se ven notablemente afectadas y para su edad, su desempeño es deficiente, lo que a su vez causa una interferencia sustancial con su desempeño académico o ocupacional, así como con sus actividades diarias.

3. Las discapacidades de aprendizaje pueden comenzar durante la escolarización inicial, pero a veces solo se mostrarán completamente cuando las demandas de habilidades académicas excedan la capacidad limitada de la persona, como cuando hay pruebas o exámenes con una fecha límite académica ajustada.

4. Las dificultades de aprendizaje se vuelven más desafiantes por la agudeza visual o auditiva no corregida, dificultades psicosociales, otros trastornos neurológicos o mentales, falta de una buena instrucción educativa o dominio deficiente en el idioma de instrucción académica.

Estrategias de enfoque general para la discapacidad en el aprendizaje (DA)

Estas pocas estrategias generales iniciales inespecíficas que deben aplicarse a la mayoría de los casos pueden ayudar al estudiante a tener un estado de ánimo positivo y sereno para concentrarse mejor y ver el aprendizaje de una manera positiva. De hecho, esa es la filosofía principal en la que se centra este libro, hacer del aprendizaje un esfuerzo atractivo y divertido y garantizar que cualquier niño disfrute del proceso de aprendizaje.

Enfoque positivo (perspectiva positiva, mucha energía)

El maestro debe ser optimista y tratar de enseñar a grupos de niños a tener la misma actitud de aprendizaje. Por ejemplo, para las edades de 2 a 4 años, deben esforzarse por enseñarles a explorar y aprender cosas. Los padres también pueden tener libros en casa y mostrarles lo importante que es saber leer y escribir. Por ejemplo, cuando presenta un nuevo juego de mesa en clase, puede preguntar a los estudiantes: "¿Cómo vamos a jugar? Tenemos que LEER las instrucciones..." Esta pregunta iniciará el deseo de aprender sobre el juego leyendo sobre eso.

Mantenga a los niños concentrados y en silencio

En lugar de intentar decirle a un niño hablador que se calle, intente pedirle que escuche. Escuche los sonidos distintos a su alrededor. Algunas cosas que un maestro y un niño pueden hacer juntos son escuchar:

-Sí mismos respirando

-El chirrido del lápiz sobre el papel

-El viento contra la ventana

-Las suelas rechinan ocasionalmente en el suelo

Otro juego es el de "5 minutos relajados": pida a los estudiantes que usen 5 minutos antes de estudiar para sentarse en un lugar sin hablar, sin moverse, simplemente quedarse quietos y callados. Después de eso, el niño puede comenzar tranquilamente a preparar libros y materiales para estudiar.

Esta acción traerá un lado más liviano a la enseñanza, enfocándolos e interesados en contribuir con lo que escuchan y, en última instancia, preparándolos para la tarea más grande que tienen entre manos. Y sin exigirlo, consigues silencio.

Asegúrese de que el estudiante tenga un lugar tranquilo para estudiar con la menor cantidad de interrupciones posible.

Preparar al niño para lo que se espera

Al igual que cuando alguien conoce el pronóstico de las próximas condiciones climáticas y se prepara en consecuencia, cuando se informa a un estudiante antes de que comience la lección, lo que se espera de él, se vuelve más interesado y ansioso por participar. Siempre es una buena idea tener una discusión rápida sobre los diferentes niveles de escuchar y hablar.

Ánimo

-Podemos animar al niño a apreciar el aprendizaje de cosas nuevas, dándole el ejemplo. Un padre debe tratar de ser un modelo a seguir sólido, mostrando un entusiasmo por aprender y amor por la lectura.

-Cuando el niño prueba algo nuevo, debemos permitirle el tiempo para explorarlo y fomentar en él una sensación de asombro y logro.

-Cuando llegue el momento de aprender las letras, haz que se sienta importante y al mismo tiempo como un juego. Empiece a enseñar letras una a la vez y de una manera alegre. Un padre o maestro puede intentar gritar la letra fonéticamente. Por ejemplo, para la letra "A", diga exageradamente "AAAAAAAAA"

Elegir libros apropiados

-Elija un libro que sea apropiado para su edad y que los mantenga interesados

-Especialmente para los lectores más jóvenes, un libro debe ser visualmente atractivo.

-Las imágenes deben apoyar la historia

-Las palabras utilizadas no deben ser demasiado avanzadas o desconocidas

-Las oraciones deben ser cortas y no demasiado complejas

-El tamaño de la letra impresa no debe ser demasiado pequeño y la longitud de la historia o informe debe tenerse en cuenta

Comprensión de contenido

Para mejorar la comprensión, intente hacer preguntas y participar en debates antes y después de la lectura, especialmente si hay un vocabulario desafiante.

Siempre abierto a la comunicación

Los profesores deben tratar de ser amables y educados para que los estudiantes no se sientan reacios a discutir sus problemas. Debe haber un fuerte sentido de confianza. El maestro debe adoptar un enfoque de "estar abierto a la discusión, siempre aquí para cualquier cosa" con todos los niños.

Tiempo de televisión

Anime al niño a explorar físicamente su entorno y a ser estimulado mentalmente, ya que su cerebro en crecimiento necesita que se estimulen todos los sentidos. Para lograrlo, intente controlar el televisor y limitar el tiempo de visualización. Intente apagar la televisión al menos una hora antes de acostarse, ya que la sobreestimulación que causa la televisión puede crear problemas para dormir. En el caso de los niños de 0 a 3 años en particular, no deberían tener ningún tiempo frente a la televisión, ya que puede obstaculizar el desarrollo del cerebro en términos de conexiones y vías neuronales.

Aprendiendo estilos

Cada niño es único y tendrá su propio enfoque de aprendizaje. Los aprendices muy visuales a menudo no tienen dificultades para aprender a leer y escribir. Los aprendices auditivos tienden a confiar en explicaciones orales y pueden citar palabra por palabra ciertas citas de lecciones. Los estudiantes inquietos o multimodales necesitarán métodos físicos como usar letras magnéticas para formar palabras, jugar juegos de correspondencias y rompecabezas. También se les debe permitir moverse de manera controlada. Finalmente, para los estudiantes multimodales, mientras leen en voz alta, intente darles algo tangible, como pequeñas bolsas de gorrita tejida para tirar mientras leen. Esto tiene el efecto de activar ambos hemisferios del cerebro que les permite comprender y concentrarse mejor. Un maestro también puede explorar el método de impresión neurológica, que consiste en leer en voz alta junto con el niño, mientras él o ella rastrea la palabra con un dedo. Cuando se encuentre una palabra desconocida, proporcione la explicación de qué es y dígala en voz alta para que el niño la repita. Trate de que las explicaciones sean breves para minimizar la interrupción del flujo y la comprensión.

Figura 1 - Letras magnéticas y bolsitas circulares

El enfoque multimodal, que es una técnica visual, auditiva y táctil para los profesores, ha demostrado ser eficaz tanto para aprender como para responder al plan de estudios escolar. Para utilizar la enseñanza multimodal, un maestro debe utilizar más de un método. Esta técnica tiene como objetivo involucrar más al alumno, utilizando tantos modos sensoriales como sea posible para romper la monotonía del estilo de enseñanza más lineal y a su vez refuerza el aprendizaje.

-Estimar cuánto tiempo tardarán los estudiantes en empezar a perder interés (empezar a inquietarse, hablar entre ellos y otras interrupciones) y cambiar el modo de enseñanza. Por ejemplo, si un profesor está leyendo las notas de la lección, después de unos minutos, cambie a usar el proyector.

-El objetivo inicial en la primera infancia es un período de atención de al menos 20 minutos. Con el tiempo se puede incrementar la atención

-Las pistas verbales como fotos, canciones, palabras clave y rimas son buenas para involucrar al estudiante

-Repetir la misma lección en diferentes modos o formatos puede ayudar a romper la monotonía e involucrar más al niño. Por ejemplo, tres formas diferentes en las que un maestro puede impartir una lección es mediante una presentación en power point, un video o folletos de texto. Asegúrese de que haya una transición perfecta de un modo a otro que sea relevante y organizado. Un cuestionario durante o entre los diferentes modos de enseñanza mantendrá su mente más enfocada en la lección.

-Incluye soportes visuales como codificación de colores, diagramas, pestañas de materias, mnemónicos y gráficos

-Reducir la longitud, el nivel y el grado de dificultad

-Habla más lento, más claro con menos palabras cuando sea necesario

-Enseñar al nivel de comprensión del alumno. Trabajar en estrecha colaboración con una biblioteca para material didáctico. Cuando sea necesario, cree material

-Llama la atención del alumno lanzándole una pelota blanda si quiere que le dé una respuesta. Esto debe hacerse con buen espíritu y de manera lúdica y nunca debe hacerse para provocar o molestar a ninguno de los estudiantes.

-Minimice las distracciones manteniendo el área de estudio ordenada y despejada de cualquier objeto que distraiga, como pantallas o juegos innecesarios. Coloque menos imágenes en la pared de enfrente

-Un maestro debe prestar atención a la ubicación de los asientos. Evite sentar al niño junto a una ventana o un área de mucho tráfico, como por ejemplo, junto a la puerta.

-Pida a los padres que compren libros o material de oficina necesario. Tenga en cuenta que no todos los padres podrán pagar cierto material, así que sea sensible y esté listo para ofrecer soluciones alternativas

-Mantenerse en comunicación con los padres a diario mediante el uso de cuadernos para informarles sobre lo que el niño está haciendo en el aula y para que los padres practiquen cualquier concepto básico adicional.

-Donde se realiza la enseñanza debe ser el mismo lugar en el que se evalúa al alumno

-A diferencia de los ejemplos abstractos, utilice más ejemplos del mundo real, como coches, juguetes u objetos táctiles.

-Hacer uso de rúbricas en la evaluación de los objetivos de aprendizaje y lo que se espera

-Explicar la tarea claramente y asegurarse de que sea adecuada para la etapa mental del alumno.

-Mantenga el lenguaje positivo en todo momento. En lugar de decir "Eso está mal", intenta decir "Prueba de otra manera"

-Asegúrese de elogiar para asegurarse de que los estudiantes asocien las recompensas con su esfuerzo ganado con tanto esfuerzo

-Trabajar activamente en la motivación del estudiante y desarrollar un sistema de recompensa interno al desvanecer gradualmente cualquier señal

-Si la lección se vuelve demasiado complicada y estimulante, los estudiantes pueden comenzar a perderse el mensaje más amplio de la lección. Un docente debe mantener las modalidades enfocadas y organizadas

Esta es una filosofía de la enseñanza que se basa en los principios de que toda persona tiene derecho a participar plenamente en la sociedad. Se trata de aceptar las diferencias de los demás, ya sea en forma de discapacidad, cultura o antecedentes religiosos. Todo el mundo debería tener acceso a una buena educación. Ésta es nuestra firme creencia y el mensaje central de este libro.

Algunos de los beneficios de la inclusión total son:

-Un aumento en el desarrollo de amistades

-Un aumento en la apreciación de las diferencias de los niveles de cada uno

-Los estudiantes están más motivados

-Mejores puntuaciones académicas

-Dinámica social mejorada

Factores importantes para una inclusión exitosa

-El docente debe ser consciente, aceptar y comprender la filosofía de inclusión y luego ajustar el plan de estudios en consecuencia

-Los padres deben confiar en los profesores

-Todos los profesores involucrados deben tener la mente abierta, ser entusiastas y estar seguros de que pueden lidiar con las necesidades individuales de los estudiantes.

-Optimista que todos los estudiantes pueden tener éxito

-Una provisión de una amplia y equilibrada gama de planes de estudios

-Un procedimiento de seguimiento y revisión

-El profesor puede dar planes de lecciones a los ayudantes y asistentes con anticipación para darles más confianza con la lección y darles tiempo para trabajar y desarrollar sus propias ideas para materiales y recursos prácticos adecuados.

El establecimiento de la inclusión y los objetivos a largo plazo

Los padres del equipo del Programa de Educación Individualizada (IEP) deben establecer la meta de que el niño pueda vivir y trabajar de la manera más independiente posible para que pueda comportarse normal y apropiadamente entre sus compañeros. Entonces, el objetivo del IEP es trabajar con las habilidades del niño para tener éxito.

Es un objetivo alto pero alcanzable y todas las estructuras de apoyo deben estar en su lugar. El equipo del IEP necesita ver objetivamente el resultado potencial futuro del estudiante a través del punto de vista de los padres y del estudiante.

Inicialmente es un plan elaborado teniendo mucho en cuenta, pero a su debido tiempo y con la adecuada adaptación de esta filosofía, los beneficios bien valen la pena.

-Los terapeutas ocupacionales pueden ayudar con el control postural que se requiere para el habla

-Los terapeutas del habla diseñarán un componente de corrección del habla para el IEP

-Los audiólogos medirán la capacidad auditiva de la persona

-Los audiólogos y asistentes pueden impartir instrucciones individuales para desarrollar habilidades de articulación.

Referencias

Código de Regulaciones Federales Título 3 4, Subtítulo B, Capítulo III, Sección 300.7 (b) (10). DSM 5 Ley de Educación para Personas con Discapacidades (IDEA)

Westwood, P. (2008). Una guía para padres sobre dificultades de aprendizaje: cómo ayudar a su hijo. Melbourne: Prensa ACER.

Westwood, P. S. (1995). Métodos de sentido común para niños con necesidades especiales: estrategias para el aula regular. Londres: Routledge.

La demografía aún dicta el destino de los niños con discapacidades Lancet 386 (9993): 503. 2015. doi: 10.1016 / S0140-6736 (15) 61459-3 Rourke, B. P. (1989). Discapacidades del aprendizaje no verbal: el síndrome y el modelo. Nueva York: Guilford Press Journal of Learning Disabilities, diciembre de 1973; vol. 6: págs. 609 - 614

Trastorno específico del aprendizaje. (2016). dsm5. Consultado el 27 de abril de 2016 en http://www.dsm5.org/Documents/Specific%20Learning%20Disorder%20Fact%20Sheet.pdf

Contenido de los capítulos siguientes

Con el fin de empoderar a todos los niños de todas las capacidades y destrezas, para que tengan la educación necesaria para poder progresar en su vida con las mejores oportunidades posibles para su escolaridad, carrera y posición social dentro de la sociedad, en los capítulos siguientes, se aborda cada una de las principales discapacidades. Cada discapacidad será analizada en profundidad de acuerdo con las definiciones antes mencionadas. Se explorarán las principales causas, características o síntomas de esa discapacidad, así como las estrategias que pueden utilizar los profesores y las estrategias que los padres pueden utilizar en casa o junto con los profesores.

CAPITULO 1

Síndrome de Down,

Encontrando la educación adecuada

1. Síndrome de Down

"Tener síndrome de Down es como nacer normal. Yo soy como tú y tú eres como yo. Todos nacemos diferentes. Así es como puedo describirlo. Tengo una vida normal ". Chris Burke

El síndrome de Down (SD) se asocia normalmente con problemas de aprendizaje, enfermedad de Alzheimer de aparición temprana, defectos cardíacos y leucemia infantil. El síndrome de Down (SD) es causado por la trisomía del cromosoma 21 humano (Hsa21). Aproximadamente el 0,45% de las concepciones humanas son trisómicas para Hsa21 (1).

¿Qué es el síndrome de Down (SD)?

Con el síndrome de Down (SD), hay tres tipos, a saber, trisomía 21 (no disyunción), translocación y mosaicismo.

Trisomía 21

Un error en la división celular, "no disyunción", es lo que normalmente causa el síndrome de Down. La no disyunción ocurre cuando un embrión, en lugar de tener dos copias del cromosoma 21, tiene tres copias. Este tipo de síndrome de Down, que ocurre el 95% de las veces, se llama Trisomía 21.

Mosaicismo

Cuando se produce una mezcla de dos tipos de células (algunas contienen los 46 cromosomas habituales y otras contienen 47), esto se denomina mosaicismo o síndrome de mosaico de Down. Las células con 47 cromosomas contendrán un cromosoma 21 adicional. El mosaicismo solo ocurre en aproximadamente el 1% de todos los casos de síndrome de Down y es la forma menos común de síndrome de Down.

Translocación

La translocación ocurre en aproximadamente el 4% de los casos de síndrome de Down, y se observa que el número total de cromosomas en las células es siempre 46, aunque una copia adicional completa o parcial del cromosoma 21 se unirá a otro cromosoma, normalmente el cromosoma 14. Esta presencia adicional del cromosoma 21 extra completo o parcial es lo que causa el síndrome de Down.

Complicaciones vinculadas

Enfermedad de Alzheimer (EA)

Las personas con SD tienen un mayor riesgo de padecer la enfermedad de Alzheimer (EA) de aparición temprana. Entre los 50 y los 60 años, entre el 50% y el 70% de las personas con SD desarrollan demencia y su coeficiente intelectual lo sufre.

Defectos cardiacos

La trisomía de Hsa21 normalmente se asocia con defectos cardíacos congénitos como DSA–V que ocurre en aproximadamente el 20% de las personas con síndrome de Down.

LMA y leucemia linfoblástica aguda

Las personas con síndrome de Down también tienen un alto riesgo de desarrollar leucemia linfoblástica aguda y leucemia linfoblástica aguda.

Características

Aunque las características de cada persona son generalmente diferentes, existen rasgos físicos y de desarrollo básicos comunes como un coeficiente intelectual más bajo. Estos son los rasgos más obvios:

Rasgos físicos

Tono muscular bajo

Nariz pequeña con puente nasal plano

Boca pequeña

Dedo corto y manos anchas

Pliegue único y profundo en el centro de la palma

Inclinación hacia arriba de los ojos

Baja estatura

Tiene un gran espacio entre el primer y segundo dedo

La parte de atrás de la cabeza es plana

Lengua agrandada que tiende a sobresalir

Hiperflexibilidad (capacidad excesiva para extender las articulaciones)

Orejas pequeñas que tienen una forma anormal

Los niños con síndrome de Down también pueden tener dificultades para aprender las siguientes habilidades:

Para hablar

Para caminar

Alcanzando

Mantenerse de pie

Al Sentarse

¿Cuáles son las causas del síndrome de Down?

El síndrome de Down (SD) es causado por la trisomía del cromosoma 21 humano (Hsa21). De las concepciones humanas, alrededor del 0,45% son trisómicas para Hsa21 (1).

La edad materna influye en la incidencia de trisomía y difiere entre poblaciones. Aproximadamente entre 1 de cada 319 y 1 de cada 1000 nacidos vivos son trisómicos para Hsa21. Los abortos espontáneos aumentan con los fetos trisómicos y también es más probable que desarrollen diversas afecciones médicas. Avances muy recientes con la medicina han permitido aumentar la esperanza de vida de las personas con SD en países económicamente desarrollados, hasta por encima de los 55 años.

Se sugiere que la copia adicional de Hsa21 en individuos con síndrome de Down da como resultado un aumento de la expresión de muchos de los genes codificados en este cromosoma. Se cree que el desequilibrio en la expresión de los genes Hsa21 y no Hsa21 da como resultado los muchos fenotipos que caracterizan el síndrome de Down. Cabe señalar que solo algunos de los genes Hsa21 son propensos a ser sensibles a la dosis, en la medida en que el fenotipo que confieren cambia por el número de copias del gen. Entonces, para comprender mejor el SD, es importante conocer y comprender el contenido genómico de Hsa21 y tener en cuenta cómo los niveles de expresión de estos genes se modifican por la existencia de una tercera copia de Hsa21.

Independientemente del tipo de síndrome de Down, todas las personas con SD tienen una porción adicional del cromosoma 21 presente en la mayoría o en todas sus células. Este material genético adicional cambia la dirección del desarrollo y da como resultado las características del síndrome de Down.

Aún no se comprende por qué está presente el cromosoma extra. La edad de la madre es la única razón posible que se asocia con una mayor probabilidad de tener un bebé con síndrome de Down, como resultado de la no disyunción o mosaicismo. Teniendo esto en cuenta, hay tasas de natalidad más altas en mujeres más jóvenes y el 80% de los bebés con síndrome de Down nacen de madres menores de 35 años.

No hay una indicación concluyente de las causas del síndrome de Down, aunque se ha especulado ampliamente sobre los factores ambientales y las actividades de los padres antes o durante el embarazo.

La copia adicional total o parcial del cromosoma 21 que da como resultado el síndrome de Down puede provenir del padre o de la madre. Alrededor del 5% están vinculados al padre.

El síndrome de Down no es exclusivo de ninguna raza, cultura o nivel económico en particular, a pesar de que las mujeres mayores son más susceptibles a tener un hijo con síndrome de Down. Una mujer mayor de 35 años tiene una probabilidad de uno en 350 de dar a luz a un niño con síndrome de Down y las probabilidades aumentan a uno en 100 a los 40 años. A los 45 años, las probabilidades aumentan dramáticamente a 1 en 30 en las ocasiones. En lo que respecta a la translocación, la edad de la mujer no parece tener correlación.

Los 3 tipos de síndrome de Down (trisomía 21, mosaicismo y translocación) están relacionados con genes, por lo que se ven como afecciones genéticas, aunque solo el 1% de los casos de síndrome de Down muestran tener un componente hereditario que se transmite de padres a hijos. Esta característica hereditaria no es un factor con mosaicismo y trisomía 21 (no disyunción). Sin embargo, se ha demostrado que un tercio de los casos de síndrome de Down se deben a una translocación donde existe un factor hereditario.

Es probable que las personas con síndrome de Down tengan muchas discapacidades de aprendizaje que pueden abordarse. En la siguiente sección intentamos sugerir algunas estrategias que los maestros y los padres deberían considerar.

Puntos que los profesores deben tener en cuenta

-Un maestro necesita saber y considerar cómo una característica física puede obstaculizar al alumno en el aula. Por ejemplo, la estructura física de la lengua de un individuo con SD es diferente, por lo que probablemente no podrá pronunciar algunas letras, como con la letra "r". El comportamiento en el aula podría basarse en el estado de salud del niño. Trate de recopilar la mayor cantidad de información posible de los padres para saber cuál es el historial médico y los medicamentos en curso. Algunos de los medicamentos necesarios, por ejemplo, pueden causar somnolencia. Estos problemas pueden afectar la capacidad del niño para escuchar y recibir instrucciones. Puede haber un diario de cómo es su comportamiento al dormir, comentarios sobre su progreso en el habla y otros aspectos destacables

-Mantente informado de cualquier cambio en los patrones de sueño u otros problemas de salud, ya que esto puede tener un impacto en el rendimiento del niño. Pueden sentirse frustrados o de mal humor si no duermen bien.

-Mantenga las tareas y pruebas más desafiantes para el comienzo del día en lugar de más tarde, ya que el cansancio al final del día puede aumentar el tiempo necesario para procesar cualquier información. Esto puede causar frustración y ser interpretado como un problema de conducta. Por ejemplo, enseñe algo nuevo en matemáticas o idiomas por la mañana y mantenga la práctica para después. Además, trate de tener las actividades menos agotadoras mentalmente para la tarde como manualidades, gimnasia, arte, música, etc.

Un niño con síndrome de Down puede necesitar más tiempo para recuperarse de una enfermedad, así que utilice períodos de descanso alternativos y adicionales para estas situaciones. Por ejemplo, cuando regresen a la escuela después de enfermarse, puede darles más tiempo para leer un libro y luego hacer un ejercicio. Trate de ponerse al día gradualmente donde lo dejó

-Cualquier cosa fuera de la rutina puede ser muy exigente para la salud física y emocional del niño. Les gusta mantener las rutinas y hacer las tareas de la misma manera. Se puede entregar un programa sencillo del día con iconos que representan las diferentes tareas del día. Esto se puede laminar y reescribir diariamente si es necesario.

-Recuerde que son aprendices visuales y luchan por seguir instrucciones si hay muchas de ellas al mismo tiempo. Trate de darles una instrucción a la vez o entrégueles un folleto con las instrucciones en un formato ordenado

-Dependiendo de la severidad, suelen buscar muchas excusas cuando quieren dejar de hacer una actividad y necesitan mucho ánimo y comportamiento lúdico para poder continuar. Déles un horario, "Vamos a hacer este ejercicio y luego esto y luego podemos tener un pequeño descanso. Ahora veamos quién va a terminar primero ".

-Normalmente siguen su "instinto" y tienden a entender cuando el otro está feliz o enojado y actúan en consecuencia. No les demuestre que tiene prisa por hacer algo o que quiere presionarlos. Haz que se sienta como si fuera algo natural, mantén la calma y usa una voz firme

Con un área específica del plan de estudios, evalúe el progreso de los estudiantes y cómo seguir adelante. En el caso de los estudiantes con síndrome de Down, es posible que falten métodos de evaluación estandarizados, por lo que deben adoptarse procedimientos de evaluación alternativos, como la observación del estudiante, las conferencias entre maestros y estudiantes y la revisión de trabajos anteriores. Mantenga un portafolio continuo de trabajos anteriores. El objetivo es comprender qué se ha aprendido y qué necesita más práctica. Esto se puede hacer según su edad y sus capacidades. Si usan tecnología de asistencia y software específico, cualquier prueba o ejercicio debe incluir este dispositivo. Mantenga siempre altas expectativas para el desarrollo del estudiante y asegúrese de que cualquier modificación no sea tan simplificada hasta el punto de perder las metas originales.

Figura 97 - Teclado adaptado

Rutinas

A los estudiantes con síndrome de Down les gusta tener rutinas y hábitos establecidos.

-En primer lugar, debe asegurarse de que se entienda la secuenciación, lo que es primero, segundo, tercero, etc.

-Establecer rutinas que el alumno pueda seguir y con el tiempo agregar pasos. Por ej. Tenga una rutina de lo que debe hacer al regresar a clase después de un descanso: 1. Beba un poco de agua. 2. Vuelva a colocar el frasco en la bolsa. 3. Siéntese en la silla. El siguiente paso podría ser sacar los siguientes libros de lecciones. Esto se puede agregar más tarde y si el estudiante puede seguir. Por ejemplo, a veces les puede resultar difícil abrir la cremallera de su bolso debido a su estado hipotónico, así que primero debes practicar eso.

-Tiene tareas más pequeñas que sean claras de entender. Para introducir un comportamiento deseado en la rutina es bueno dividir las tareas en partes manejables, como en los ejemplos anteriores. No pida demasiado y no presione al niño. Los pasos y la rutina que enseñarás dependen del alumno y su potencial.

-Varia el entorno al enseñar habilidades para emular una experiencia del mundo más real. Recuerde que estos estudiantes están en camino de convertirse en adultos, por lo que necesitarán estas rutinas fuera de la seguridad de su clase. En primer lugar, debe comunicarse con los padres para reforzar y continuar estas rutinas en casa. Enseñe rutinas y habilidades que se van a necesitar, como calcular el dinero necesario para ir al supermercado o qué hacer cuando en determinadas situaciones cotidianas. Por ejemplo, "Cuando accidentalmente pierdo mi parada de autobús, no salgo del autobús, sino que voy al conductor y le pido ayuda".

Evite cualquier problema

-La transición de una materia a la siguiente o de una clase a otra necesita algunos ajustes por parte del estudiante. El maestro puede facilitar esto con un poco de planificación previa. Prepare al estudiante diciéndole cuánto tiempo queda, o antes de la última parte de la lección, un maestro puede decir: "Tenemos 5 minutos más para terminar esta clase de inglés. Entonces tendremos que transferirnos al laboratorio de computación ". O, "Vamos a hacer este pequeño juego de preguntas y luego nos prepararemos para nuestras matemáticas".

-Utilice particiones para minimizar las distracciones visuales. Un maestro puede hacer mucho para lograr una distracción mínima, como mantener el área de estudio libre de desorden. Mantenga solo lo básico en el escritorio.

Figura 98 - Escritorio sin desorden

-Siempre habrá ruido y otras distracciones ambientales que están más allá del control del maestro o del estudiante, así que enséñele al estudiante cómo lidiar y trabajar a través de las distracciones del aula. Cuando ambos escuchen algo, déle al estudiante 2 segundos y luego explíquele: "Es solo un helicóptero. Podemos continuar ahora. ¿Viste esta imagen en tu libro? "

-Ten paciencia y déle al niño con SD al menos 5 segundos sin interrupción para responder

-Alternar entre trabajo interesante y lo que el alumno percibe como poco interesante. Por ejemplo, intercambio entre un video y escritura o entre un juego y lectura.

-El niño puede necesitar repetir y practicar con regularidad lo que le han enseñado, así que deles algo de tiempo. Son aprendices visuales, por lo que cuando sea necesario, invoquen su memoria con tarjetas.

-La mayoría de los niños responden favorablemente al reconocimiento positivo y elogios por las tareas que realizaron. El maestro debe intentar reforzar las buenas acciones del alumno. Incluso para la actividad más pequeña, puede decir: "Bien hecho y continúe con el buen trabajo".

Tabla de recompensas diaria

	Maria	James	John	Pedro	Paul
Sin Interrumpir	☆		☆		
Sentado tranquilamente	☆	☆		☆	☆
Respetando las reglas del habla	☆		☆	☆	
Ayudar a un compañero					
Ayudar a ordenar después de clase	☆	☆			
	Estrellas totales: 4	Estrellas totales: 2	Estrellas totales: 2	Estrellas totales: 2	Estrellas totales: 1

Los problemas de comportamiento son una característica del síndrome de Down. Más adelante en este capítulo, en la sección de estrategias para padres, cubrimos este tema detalladamente y muchos de los puntos pueden adoptarse fácilmente en la clase. Continúe con los desafíos de comportamiento de las personas con síndrome de Down en la sección de estrategias para padres.

Dificultades sensoriales y motoras

Algunas personas no pueden procesar información de demasiadas fuentes al mismo tiempo, como realizar múltiples tareas al mismo tiempo. Como resultado, pueden tener un cierre temporal y actuar de una manera agitada o pueden parecer obstinados cuando tienen dificultades sensoriales y motoras.

-Céntrese en una cosa a la vez ya que los estudiantes con síndrome de Down pueden tener dificultades para procesar información de muchas fuentes a la vez. Por supuesto, puede combinar fuentes, pero dé las instrucciones a los estudiantes de una en una. Por ejemplo, si tiene videos e imágenes para una lección, primero enséñeles las imágenes. Pida a los estudiantes que expliquen lo que ven. Después de eso, puede darles a los estudiantes el video para que lo vean. Puede dar folletos en el medio o al final para aclarar aún más cualquier punto.

-Mire al estudiante al dar instrucciones, luego mire hacia otro lado mientras procesa la solicitud

-Elimine cualquier estímulo extra innecesario. Mantenga la clase en silencio y trate de reducir las interrupciones o ruidos.

-Si se sientan en el suelo, algunos estudiantes pueden necesitar apoyo para la espalda o almohadas. Si está sentado en la silla, asegúrese de que sea cómodo y de que su postura sea la correcta.

-Enseñe algunas estrategias de alerta o calma basadas en las necesidades del estudiante. Por ejemplo, pueden usar 2 minutos al final de la clase para estirarse o pueden tener en sus mochilas escolares algunas pelotas calmantes o magnéticas para ayudarlos a concentrarse nuevamente.

-Asegúrese de que el estudiante adopte una postura adecuada para sentarse en el escritorio con un escritorio apropiado para su tamaño con buenos pies y respaldo. Los codos deben estar en un ángulo de 45 grados desde el escritorio. Las piernas deben mirar hacia adelante y en la posición de "V". Sin embargo, después de algunas horas en la misma posición, es probable que se sientan incómodos. Puede utilizar las estrategias de alerta sugeridas anteriormente

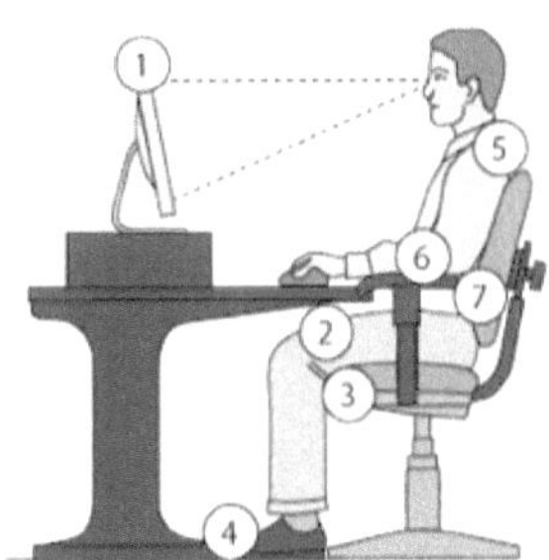

Figura 99 - Postura correcta al sentarse

-Utilice soportes adaptados para lápices como barriles más grandes, para cremalleras colocadas en una etiqueta de extracción. Para las tijeras existen empuñaduras específicas que se pueden adquirir. Puede probar diferentes tipos y eliminar paso a paso la ayuda de un agarre a medida que el alumno fortalece su motricidad fina

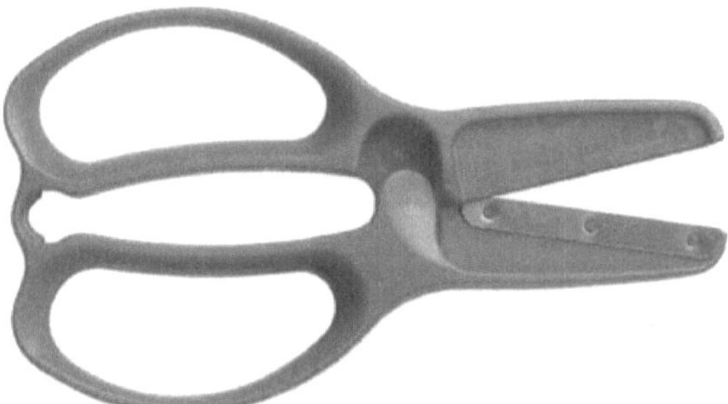

Figura 100 - Tijeras especiales

-Tenga en cuenta que es posible que algunos estudiantes no tengan la coordinación motora fina necesaria para usar un teclado y un mouse de manera efectiva, por lo que tal vez el maestro pueda considerar equipos de asistencia o adaptativos como teclados alternativos y protectores de teclas especializados.

Visión y audición

-Siente al niño en una posición que pueda ver y oír claramente, como cerca del escritorio del maestro.

-Esté atento a posibles infecciones o irritaciones de oídos y ojos. Si esto ocurre, detenga las tareas exigentes, pero manténgalos participando en la clase. Por ej. sí realizan un juego que requiera responder, no deberían tener que responder dos veces y prepararlos antes de responder.

-Compruebe la iluminación en el aula sea la adecuada. Use la luz blanca o amarilla adecuada para asegurarse de que el estudiante pueda leer la pizarra o sus libros

-Hable directamente con el niño. Esta es una experiencia más atractiva para ellos. Ayuda si te acercas al niño para que pueda mirarlo a los ojos.

-Utilizar gestos, expresiones y signos. Asegúrate de haberles explicado qué gestos pueden usar y qué significan y luego úsalo con frecuencia para que sea una rutina. Por ejemplo, si desea que levanten la mano para responder, siempre que diga: "Voy a hacer una pregunta y si sabe la respuesta, levante la mano". La primera vez que lo haga, mire al alumno y luego, cuando esté listo para responder, recuérdele que levante la mano.

-Utilice ayudas como la pizarra interactiva. Use formas y letras grandes para que sea más fácil ver y usar muchas actividades interactivas y videos para mantenerlos atentos a la lección.

-Después de unos segundos, repita o reformule la pregunta.

-Utilice tamaños de fuente más grandes y familias de fuentes que sean legibles y comunes como Arial o Calibri

-Manténgalos enfocados en lo que leen dejándolos usar sus dedos para seguir o usando una regla recortada

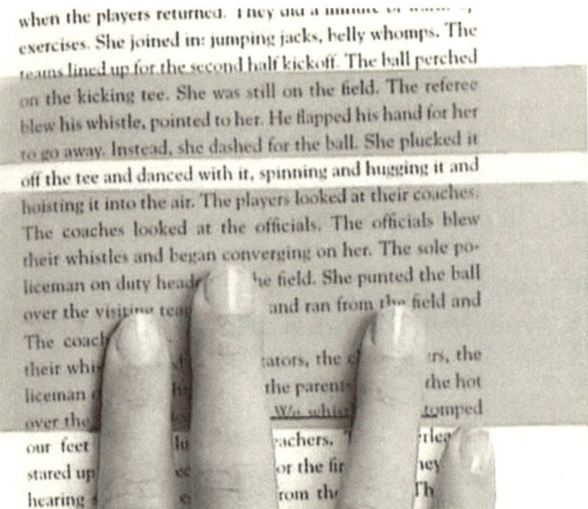

Figura 101 - Seguimiento durante la lectura

-Los estudiantes con síndrome de Down son aprendices visuales, así que intente usar imágenes que coincida con lo que se encuentra en carteles, pizarrones o el proyector. Por ejemplo, en la pizarra interactiva puede guardar la lección y la explicación antes de borrarla y luego entregar las notas guardadas al alumno para que las estudie. Puedes explicarlo una vez más cuando lo des. Los mapas también ayudarán con lecciones de geografía e historia.

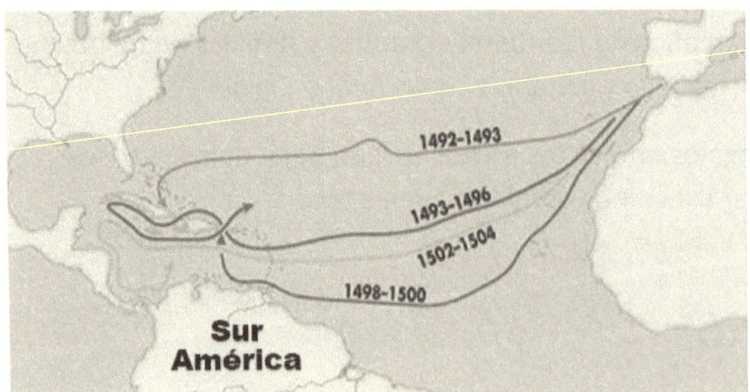

Figura 102 - Elementos visuales para ayudar a recordar fechas

-En el caso de que el alumno utilice dispositivos de comunicación o anteojos para leer, intente animar al niño a que los utilice durante todo el día y asegúrese de que los profesores y compañeros sepan cómo operar cualquier dispositivo. Utilice el dispositivo para ingresar cualquier lección nueva y actualizar el almacenamiento de memoria según lo que estén aprendiendo. Cualquier material curricular utilizado en la clase debe proporcionarse en el software.

-Los estudiantes de SD pueden experimentar pérdida auditiva, por lo que los maestros deben estar siempre al tanto de cualquier cambio de comportamiento. Es por esto, que una lección uno a uno puede ayudarlos a escucharlo mejor. De lo contrario, colabore con los padres, dándoles una grabación o notas de la lección y déjeles que vuelvan a explicar

-Los niños con síndrome de Down pueden tener una mayor sensibilidad a los sonidos y vibraciones fuertes y, en ocasiones, se tapan los oídos para evitar ruidos fuertes. El maestro debe ser consciente de esto y ajustar los niveles de sonido en consecuencia y, si es apropiado, sugerirle al estudiante que use auriculares para reducir las distracciones auditivas.

Figura 103 – usando audífonos

-La escuela puede necesitar proporcionar una clase insonorizada, para que el estudiante no se distraiga con los ruidos externos

-Mantener reglas para trabajar en silencio mientras se hace un ejercicio y especialmente durante el trabajo en equipo

-En caso de dificultades auditivas, pero no exclusivamente debido a la pérdida auditiva, los profesores pueden intentar evitar los grupos grandes y la instrucción de toda la clase, ya que pueden resultar no tan eficaces. Además, después de dar la instrucción, acérquese al alumno y pregúntele si entendió y si es necesario parafrasear lo que acaba de escuchar

Inteligibilidad del habla

Esto se refiere a la capacidad de ser entendido al hablar. Cualquier problema con la inteligibilidad del habla se debe a dificultades en el movimiento de la mandíbula, bajo tono muscular y dificultades en la planificación motora.

-El profesor debe estar en contacto con el logopeda del alumno y aprender la forma en que trabaja y la fonética o sílabas que el terapeuta está enseñando.

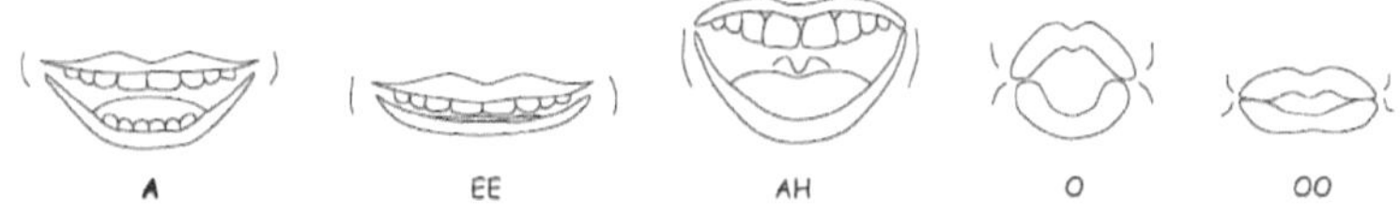

-Tenga en cuenta que a veces tienen prisa por decir algo así que recuérdeles que hablen despacio y pronuncien las palabras correctamente.

-Con base en las letras y sílabas que han aprendido con el logopeda, puede crear palabras para jugar o un cuaderno de vocabulario, donde se escriben las palabras. Digamos que aprendieron "pa" y "ba", puedes crear las palabras ficticias "bapa" y "paba". Cuando crea palabras, se necesita una imagen, ya que las personas con DS no leen de forma fonémica

Para minimizar la frustración y suavizar la dinámica de comunicación, intente esto:

-Un maestro debe prestar atención a los contratiempos emocionales como la ansiedad, la falta de confianza, la presión en el aula y la vergüenza, ya que pueden obstaculizar el desempeño de la comunicación. Anime al estudiante a hablar y ayúdelo a hablar despacio y con claridad. Cuando cometan un error, no lo corrija de inmediato, pídales que lo repitan y pregunte: "¿Quiso decir ...?"

-Mantenga las preguntas sencillas con mucho tiempo para que el alumno responda. Deles tiempo y no los presione para que hablen. Puede preparar al estudiante con preguntas y pedirle que lo piense y luego repítale las preguntas más tarde. Pregunte: "¿Qué pasó con la gente después de la guerra?" en lugar de preguntar: "¿Cuáles fueron las consecuencias de la Segunda Guerra Mundial?"

-Una dinámica social interesante es que la aceptación de los compañeros depende de la capacidad de comunicarse de manera inteligible, por lo que el maestro debe dar tanta importancia a enseñar al niño con síndrome de Down a comunicarse con sus compañeros así cómo interactuar con el entorno que lo rodea. Enfatice palabras o frases que son importantes para comunicarse con sus amigos y en el entorno general, por ejemplo, "¿Puedo jugar contigo?" "Me gustaría hacer este rompecabezas, ¿quieres ayudarme?" "Prefiero jugar ...", "Buenos días, ¿puedo tomar un jugo por favor?" También hay llaveros de palabras que pueden ser comprados o incluso hechos por el maestro o el padre con las palabras clave principales.

-Si el problema es más grave, las ayudas de comunicación y la tecnología de asistencia pueden ayudar, como una placa de comunicación o un software.

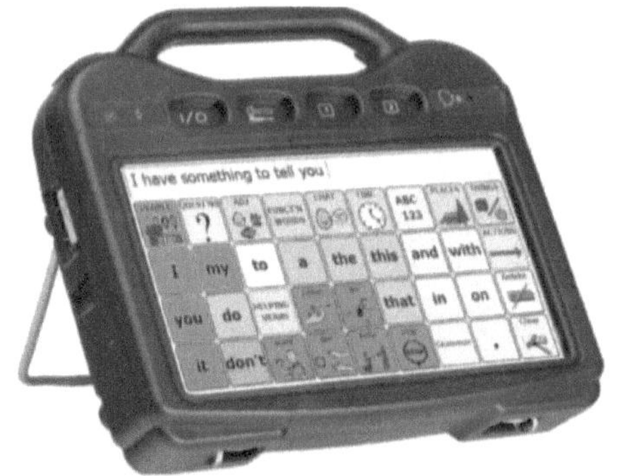

figura 104 – dispositivo de comunicación

Comunicación

La capacidad de comunicarse oralmente con fluidez tiene un gran impacto en las oportunidades y opciones de una persona con síndrome de Down. Desafortunadamente, la incapacidad para comunicarse con los demás puede tener un efecto significativo en las habilidades personales y sociales de una persona.

Con los niños con síndrome de Down, las investigaciones han demostrado que sus habilidades de comprensión del lenguaje son casi siempre mejores que su capacidad para producir mensajes de la misma complejidad.

Con el uso de todos los medios posibles que incluyen dispositivos de comunicación aumentativa, lenguaje de señas, indicaciones, estimulación y ayudas visuales, un profesor y un alumno pueden comunicar lo que se quiere decir y, con el tiempo, las señales se pueden desvanecer a medida que los sonidos y palabras producidas van mejorando.

Dedo cuing

Cuando un maestro se da golpecitos en la boca al hablar, esto se conoce como señal con los dedos.

-Es una forma de evocar sonidos o palabras, especialmente con niños de edades más tempranas

-Es una forma de alertar al alumno sobre la boca del maestro mientras modela palabras o sonidos

-A medida que aumenta la confianza del estudiante, las señales con los dedos deben usarse menos

Gestos

Los gestos comunes como señalar, agitar o el símbolo ok se pueden usar con el habla para garantizar la comprensión, especialmente para referirse a direcciones: arriba, abajo, percepción, izquierda, derecha o al conectar las imágenes correctas.

figura 105 – lenguaje universal de señas

Lenguaje de señas

-Esta es una forma visual de construir una comunicación temprana y es rápida de adoptar, tanto por el maestro como por el alumno. Asegúrate de acompañar la palabra con una imagen.

-El profesor siempre debe acompañar una palabra verbal con la palabra escrita hasta que el alumno domine las palabras orales.

Música

-Intente usar música ya que es un fuerte motivador que hace que los estudiantes se concentren en los estímulos auditivos. Los estudiantes pueden probar juegos como diferenciar entre instrumentos musicales o diferentes sonidos de animales.

-El ritmo y el ritmo de la música sirven como pistas para la recuperación, la memoria y la secuenciación. Pídale al estudiante que golpee con ritmo y cambie de instrumento cada vez (pandereta, batería, etc.)

-Al practicar canciones, el alumno mejora su vocabulario expresivo y receptivo. Use canciones conocidas para enseñar una nueva palabra o una nueva sílaba. Obtenga una copia de la letra de esa canción y pídale al estudiante que haga un dibujo o que coloque los dibujos apropiados en las palabras correctas.

-Con música, un maestro puede enfatizar palabras clave, emparejar palabras con acciones, usar señales y alentar a aplaudir y hacer tapping al ritmo. Enfatice las palabras que riman para mostrar la diferencia. Puedes hacer un poema u otra canción

La comunicación debe ser divertida y menos como trabajo. Para los estudiantes con síndrome de Down, cuando están en grupo tienden a ser reservados. El objetivo del maestro en el aula es motivar al niño con síndrome de Down a hablar de manera espontánea. Al principio, será un desafío, ya que les llevará más tiempo adaptarse a los nuevos cambios. El profesor debe tener mucha paciencia. El aliento y el elogio son motivadores poderosos que deben realizarse cuando un estudiante:

-Toma la iniciativa de comenzar el contacto visual

-Se enfrenta al orador.

-Mira de cerca la cara de los oradores

-Sigue e imita las palabras y frases del hablante

-Empieza a aplaudir o sonreír

La aceptación del grupo es importante para un estudiante con síndrome de Down, por lo que el maestro debe fomentar la comprensión y la tolerancia entre los compañeros y no permitir ninguna burla. Explíqueles a los niños que deben seguir su ejemplo y reformular o repetir las palabras o la sintaxis correctas para ayudar a sus compañeros de estudios a decirlas correctamente.

Al niño con síndrome de Down se le debe permitir conversar espontáneamente con sus compañeros de clase siempre y cuando se mantenga controlado y no distraiga. Cuando se apresuran a contestar o hablan sin permiso, se les debe recordar la regla de hablar. Los maestros deben brindar muchas oportunidades para hablar, como hablar en público o representar una causa determinada. Puede preguntar todos los días cómo pasan el día o hacer preguntas para las que ya sabe la respuesta. Deben ser tratados como plenamente capaces. Siempre elogie al estudiante con algo específico en mente, como, "Bien hecho al responder la pregunta sobre ..."

Estrategias para el aula

-Debe haber mucho tiempo de práctica. Utilice el tiempo libre que tenga para sentarse con su estudiante y practicar o mostrar nuevamente lo que ya ha enseñado. Procura no utilizar todo su tiempo libre porque también necesitan descansar.

-Combine señales visuales como una línea alfabética y señales táctiles como juntar los labios para enseñarle al estudiante cómo se siente. Enseñe las consonantes juntos. Dependiendo de sus movimientos de labios o lengua, se les puede instruir en consecuencia. ej. con las letras "p" y "b", deben cerrar los labios

-Emplee señales sensoriales relacionadas y pregunte, "¿Qué sonido está haciendo mi boca ahora?" y "¿Qué escuchan tus oídos?" De esta forma también sabrás en qué letras, sílabas o palabras necesitas trabajar más o de nuevo.

La comunicación consiste en lo que el alumno está pensando y cómo se expresa. Un maestro debe intentar encontrar la mejor manera para que el alumno se exprese. A veces, dependiendo de la gravedad, las personas con síndrome de Down tienen dificultades para expresarse debido a dificultades para pronunciar palabras, poner las palabras en la sintaxis correcta o hablar de puntos abstractos.

-Puede ser que el alumno no quiera expresarse verbalmente, así que pídele que te muestre físicamente lo que quiere. Cuando te lo muestren, puedes decir la palabra. Por ejemplo, "¿Qué vas a comer?", Y te muestran pasta, luego puedes decir, "¿Pasta? ¿Quieres esta pasta en tu plato? Se puede hacer lo mismo si se lastiman. Si te muestran la rodilla, puedes decir: "¿Te lastimaste la rodilla? ¿Cómo ocurrió eso?"

-Hacer uso de imágenes, diagramas y símbolos para comunicarse. Si desea verificar la comprensión de un diagrama de historia, por ejemplo, puede hacerlo con Velcro y luego pedirle al alumno que lo ponga en el orden correcto.

-En el aula enseñe a los compañeros a comunicarse por el mismo medio que se comunica el niño con síndrome de Down. Si es lenguaje de señas, enséñele los conceptos básicos del lenguaje de señas. En algunos casos, se utiliza tecnología de asistencia o comunicación alternativa

-Intenta usar preguntas simples como quién, dónde y qué y dales tiempo para responder. Pídales que respondan en una oración completa. "¿Quién encontró el presente?" Luego, deben decir la oración completa, "Billy encontró el presente".

-Si son más jóvenes, puede sacarles una respuesta comenzando la oración para ellos, como, "El color del automóvil era ..." Además, en lugar de "automóvil", por ejemplo, puede mostrar una foto del automóvil y esperar para que el alumno responda

-Permita que el alumno registre la lección mientras le está enseñando, para que la vuelva a revisar más adelante. Especialmente si está utilizando una pizarra interactiva, puede guardar las imágenes de la lección y conectarse con la cinta de grabación

-Pruebe diferentes métodos de respuesta, como usar una hoja de respuestas de opción múltiple, dibujos o tal vez representar la respuesta. Puede usar esto especialmente para conceptos abstractos como la libertad o la paz que los estudiantes con SD pueden tener dificultades para comprender.

Estoy feliz cuando:

Como helado | Hago un lío | hago mi tarea

Desarrollo de la lectura y la alfabetización a una edad temprana.

Los estudiantes con síndrome de Down muestran retrasos significativos en el habla y el logro de idiomas en relación con la capacidad mental no verbal. El retraso en el habla y el lenguaje de un estudiante puede verse afectado por problemas de memoria a corto plazo, procesamiento auditivo y pérdida auditiva. Por lo tanto, es difícil para un estudiante con síndrome de Down aprender el lenguaje escuchando la comunicación verbal.

Debido a que las personas con síndrome de Down aprenden visualmente, la lectura les permite ver el lenguaje visualmente. El texto le da al alumno una señal transitoria permanente. Este es un beneficio porque le brinda al estudiante más tiempo para procesar la información y más oportunidades para aprender. Cuanto antes se inicie la lectura en el niño con síndrome de Down, mejor, ya que luego mostrará habilidades de lectoescritura, lenguaje, habla y memoria significativamente avanzadas en su adolescencia. Por eso es importante comenzar a enseñar a los 2 o 3 años de edad.

Estrategias de intervención temprana

-Anime a los niños a seguir los libros de cuentos. Deje que miren las imágenes y digan las palabras. Puede utilizar libros de cuentos con palabras grandes sobre las imágenes que se utilizan para la primera infancia.

-Jugar juegos de palabras desde temprana edad. Los juegos deben apuntar a buscar palabras, letras y números como imágenes. Puede ocultar los números en la clase o tener etiquetas en los muebles. De vez en cuando retire las etiquetas y pídales que lo vuelvan a colocar en el mueble adecuado.

-Anime a los padres a que lean a sus hijos todos los días. Para ayudar, el maestro tendrá que presentar los libros apropiados a los padres o iniciar una "biblioteca prestada" entre el grupo de padres.

-Haz que se concentren en la tarea de leer al practicar sentarse en silencio para escuchar la historia. Asegúrese de sostener el libro con el lado derecho hacia arriba y leer de izquierda a derecha. Involucrarlos señalando las imágenes. En esta etapa de la lectura, use el seguimiento de los dedos y pídale al niño que intente predecir lo que sucede a continuación. Cuando termine la historia, intente parafrasear la historia en términos que el niño pueda entender. Al principio, puede comenzar preguntando: "¿Recuerda lo que sucedió al principio?", Y luego, paso a paso, mejore el compromiso haciendo preguntas más detalladas.

Hay investigaciones que muestran que enseñar a leer a los que padecen síndrome de Down mejorará y facilitará el desarrollo del lenguaje porque normalmente son aprendices visuales. Cuando las habilidades de lectura de un estudiante mejoran, también lo hace su articulación y vocabulario. Esta es normalmente un área deficiente para los estudiantes con síndrome de Down.

Aquí hay algunas estrategias para ayudar con la enseñanza de la lectura:

-Para retener y recordar el vocabulario, pruebe con rimas y canciones infantiles. Pueden recordar fácilmente las canciones, así que use canciones para aprender el alfabeto, los días o los meses. Para el vocabulario, puede reunir palabras y hacer una canción. ej. para el vocabulario del aula: aula, lápiz, regla, escritorio, borrador, mochila, silla, estuche, tablero, banco, libro, cuaderno y armario. Con estos haz una divertida composición junto al niño

Cuando entro en el aula encuentro mi escritorio

Me siento en mi silla y abro mi mochila

¿Dónde están mi lápiz y mi regla?

Oh! Cometí un error, ¿debo usar mi borrador?

Mira la pizarra y escucha a mi maestro

Es todo lo que tengo que hacer

Y luego dejo mis cuadernos

¡En mi armario!

Puede crear lo que sea más divertido para el niño, como un poema o como una melodía y al mismo tiempo mostrar imágenes de las cosas en la pizarra. También puede tener las palabras en tarjetas didácticas y puede pedirles que señalen o levanten la tarjeta correspondiente cada vez.

-Anime a los estudiantes a cantar, aplaudir y bailar. Al divertirse y también al involucrarse físicamente, esto facilita el proceso de aprendizaje.

-La escucha también es una parte imperativa de la lectura, así que enséñele a escuchar. Ayúdelos a concentrarse en usted y escuche con atención cambiando el tono de la voz. Además, trate de recompensar al estudiante por escuchar. Trate de aumentar el tiempo que permanecen concentrados, incluso en un minuto cada vez.

-Utilizar la ortografía para reforzar la discriminación auditiva. Especialmente para aprender nuevas palabras, puede tenerlas en sílabas y en la palabra completa.

-Utilizar material de lectura que sea de interés para el alumno. Utilice esto especialmente para su tiempo libre. Anímelos a elegir el libro que quieren leer o elegir su tema favorito para una tarea.

-Intente crear tantas oportunidades como sea posible para practicar la lectura creando una matriz de planificación que identifique las oportunidades de lectura de un estudiante durante el día escolar

-Revise los conceptos aprendidos con frecuencia para obtener un mejor resultado de retención. Intente conectar todos los vocabularios de la lección y construya sobre eso.

Enseñar fonética

Ésta es la relación entre la letra y el sonido. Obtener y aplicar el conocimiento fonético aprendido es útil cuando se encuentran palabras desconocidas. Para los estudiantes con síndrome de Down, la fonética puede ser más difícil porque normalmente tienen déficits de memoria y, dado que la mayoría de ellos tiene problemas de audición, poder discriminar entre los diferentes sonidos es un desafío. Los niños con síndrome de Down aumentan su conciencia fonológica cuando tienen un vocabulario visual de aproximadamente 50 palabras. Por lo general, tienen las habilidades de lectura de palabras de un niño de 8 años en desarrollo. Por tanto, para la persona con SD, el vocabulario visual es más importante que la enseñanza de la fonética. Aunque, teniendo las letras y números en imágenes y diciendo su sonido, es bueno seguir pronunciando las palabras correctamente. Una vez más, las sílabas podrían enseñarse como vocabulario visual y no como conectar las letras b + a = ba

Para los estudiantes con síndrome de Down, las instrucciones de lectura pueden comenzar con actividades de reconocimiento automático o de palabras reconocibles a primera vista. Se ha demostrado que los niños con síndrome de Down pueden aprender palabras reconocibles a primera vista al mismo ritmo que los niños normales. Los niños con capacidad verbal limitada son capaces de aumentar sus habilidades de lenguaje expresivo y receptivo al aprender a leer.

La enseñanza de palabras reconocibles a la vista implica enseñar al niño a hacer la asociación entre una palabra y el objeto y lo que representa la palabra, por ejemplo, una imagen de un plátano y la palabra "plátano". La palabra reconocible a la vista debe tener significado para el estudiante. Asegúrese de comenzar con palabras que el niño ya conoce y usa en su vida diaria como silla, escritorio, buenos días, libro, etc.

figura 106 – Palabras que usamos a diario

-Puedes poner etiquetas en objetos y muebles y señalar al referirte a ellos. ej. cuando diga "Encuentra tu libro", señala físicamente la palabra en el libro

-Con el tiempo, haga que el niño combine palabras aprendidas previamente para formar frases de 2-3 palabras. ej. pueden usar las palabras "Toma mi libro"

-Libros a la derecha o a máquina con las palabras de uso frecuente aprendidas y las oraciones que están aprendiendo y revíselo a menudo con ellos

-Comience a realizar juegos regulares con palabras reconocibles a la vista, como esconder y encontrar una, levantar la correcta, leerlas, conectar las mismas palabras y conectar las palabras con las imágenes

-Después de estar seguro de que aprendieron palabras, pídales que lo escriban debajo de la imagen. Más tarde, elimine la imagen y vuelva a consultar esa palabra.

-Crear oraciones y tiras de palabras en Velcro y progresar gradualmente de pedirles que copien una estructura de oración a que creen sus propias oraciones cuando se les muestra una imagen. Por ejemplo, si conocen la palabra plátano, la oración podría ser "Yo como plátano" o "Los plátanos son amarillos".

-Empiece a introducir y practicar conectando palabras como, "y", "pero" ... etc. Primero explique el significado de las palabras, como la palabra "y" se usa para agregar algo más y la palabra "pero" se usa normalmente para señalar una excepción. Permítales elegir la palabra de conexión adecuada:

Me comí mi manzana ________ me lavé las manos

Me comí mi manzana _________ No me gusta la fruta

-Progrese utilizando patrones de oraciones repetitivas para ayudar al estudiante a relacionar las palabras con la imagen y las secuencias. Siga ampliando el repertorio de palabras reconocibles a la vista. ej. si está jugando con palabras de Velcro, la oración "Me como un plátano". podría cambiar a "Te comes un plátano". o "Comemos un plátano". Como en el ejemplo anterior, "El plátano es amarillo". podría ser, "El plátano es una fruta". o "El plátano está delicioso".

-Mantenga el proceso de enseñanza alegre y divertido con intervalos regulares para verificar el nivel de comprensión del estudiante. Puede hacer esto al leer una historia, preguntando las 5 preguntas (qué, dónde, cuándo, quién, por qué). Intente aclarar cualquier tema que el alumno no tenga claro. Pida entonces un breve resumen de la historia y trate de predecir lo que sucederá a continuación.

-A medida que el estudiante avanza, comience a usar tarjetas de referencia para que pueda autoverificar su nivel de comprensión. El uso de este proceso de autocomprobación reforzará sus habilidades de autoayuda. Podría tener una pequeña casilla de verificación para cada plan de lección y dejar que ellos marquen lo que se ha hecho. Supongamos que está enseñando sobre diferentes trabajos:

El profesor hablo hoy acerca de:	Marca
• Las personas van a trabajar	
• Tipos de trabajos	
• Imágenes en la pizarra	
• Nombre de profesiones	
• Videos	
• Juegos	
• Pruebas	

El banco de palabras del estudiante crecerá con el tiempo y un maestro necesita introducir estrategias de comprensión. Es importante que el estudiante comprenda el significado detrás de las palabras para que después de que los estudiantes comiencen a formar oraciones, puedan comenzar a aprender palabras y frases abstractas.

Problemas cognitivos y el enfoque multimodal

Los estudiantes con síndrome de Down varían en su desarrollo cognitivo, según la gravedad de su discapacidad. Los maestros deben tener esto en cuenta y encontrar qué ayuda a sus estudiantes a trabajar mejor y de manera más eficiente.

Empiece la educación desde una edad temprana, por ejemplo, de 2 a 3 años, para tener una mente activa y ayudar al cerebro a establecer las conexiones adecuadas. "Oh, mira una silla roja. Es como tu camiseta ". Si preguntan algo, no les dé la respuesta inmediatamente, sino avíseles haciéndoles preguntas sobre el tema.

Otro buen enfoque es el uso del enfoque multimodal que implica el uso de tantos sentidos como sea posible. Involucre más al estudiante con videos, folletos, cuestionarios, preguntas rápidas y pequeñas, tableros interactivos y juegos.

El enfoque multimodal, que es una técnica visual, auditiva y táctil para los profesores, ha demostrado ser eficaz tanto para aprender como para responder al plan de estudios escolar. Para utilizar la enseñanza multimodal, un maestro debe utilizar más de un método. Esta técnica tiene como objetivo involucrar más al alumno, involucrando el uso de tantos modos sensoriales como sea posible para romper la monotonía del estilo de enseñanza más lineal. Lea más sobre esto en el capítulo inicial, "Introducción a las discapacidades del aprendizaje".

Matemáticas

Los estudiantes con síndrome de Down de cualquier edad pueden aprender matemáticas a través de métodos de enseñanza que abordan sus debilidades y fortalezas. A continuación se muestran algunas estrategias que se pueden utilizar.

Procesamiento visual

-Debido a que los estudiantes con síndrome de Down son aprendices visuales, es una buena idea presentar los problemas en un formato ilustrativo y luego pedirle al estudiante que esboce la respuesta. Por ejemplo, para la ecuación 7 - 4, pida un boceto con 7 bolas y luego haga que borren 4. Entonces, para su hoja de trabajo, debe tener suficiente espacio para hacer el boceto. Por supuesto, esto no se puede usar para números grandes, pero es el comienzo y es una manera fácil de comenzar a aprender los principios.

-Utiliza imágenes, tablas y gráficos, no solo para aprender los números sino también más adelante para problemas o para decimales y fracciones

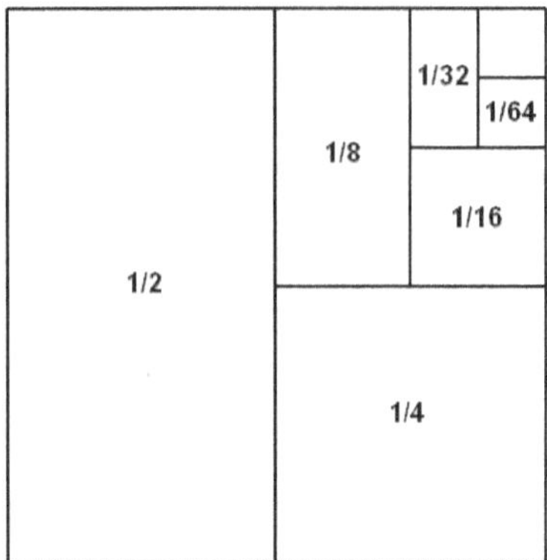

Figure 107 - /2 + 1/4 + 1/8 + 1/16 + ⋯

Tarjetas flash con pasos y en el orden correcto

Revisión y repetición

-El estudiante debe practicar con frecuencia para retener la habilidad aprendida. Con la práctica, llega la automatización que luego requiere menos esfuerzo consciente y, por lo tanto, la memoria de trabajo se libera para el procesamiento mental de otras tareas. Encontrará que los estudiantes con SD tratan de evitar practicar y hacer ejercicio, por lo que debe practicar y hacerlo interesante al principio. Por ejemplo, puedes decir: "María, ¿cuántos lápices tienes en tu estuche? Esos 3 necesitan un afilador ". O, "¿Cuántos son los buenos?"

-Comience la lección con una revisión para asegurarse de que recuerden y luego desarrolle la lección anterior

-Practicar habilidades con materiales variados y en diferentes contextos. Especialmente para las matemáticas, puedes usar cubos, bolas, palos de madera, lápices y lo que tengan en sus bolsas.

-La práctica debe ser un ejercicio divertido, variable y siempre relevante para la vida. Para convertirlo en un juego, puedes hacer que practiquen en equipos. Visite la cafetería de la escuela y pídales que pregunten cuántos de sus compañeros quieren un trago y permítales hacer los cálculos necesarios para calcular el dinero necesario.

Alojamientos

-Presenta menos problemas para resolver, ya que necesitarán tiempo para dibujar o para usar la recta numérica, por ejemplo, especialmente si necesitan más tiempo para leerlo.

-Déle más tiempo al alumno y asegúrese de no apresurarse ni ponerlo ansioso.

-Reduce las distracciones. Espere silenciosamente frente a los estudiantes mientras trabaja y tenga señales visuales para reducir el habla cuando se olvidan. Puede ser un dedo en la boca o un suave golpe en el escritorio.

-Introducir en las lecciones los intereses y experiencias del mundo real con los que el alumno se relaciona, como cuando visita el supermercado o cuando se divide en equipos.

-Introducir un error deliberado y repasar una estrategia de resolución de problemas. Cuando el estudiante comete un error, revíselo nuevamente con el estudiante y vea si puede identificar el error. Por ejemplo, cuando tienen un problema de matemáticas y ponen + en lugar de - puede verificar con la respuesta. "¿Así que tenía 8 y regaló 2 y ahora tiene 10? ¿Crees que hay algo mal aquí? "

-La enseñanza entre pares ha demostrado ser un éxito con los estudiantes con síndrome de Down, así que haga que los estudiantes colaboren no solo en proyectos, sino también en tareas diarias como revisar la ortografía de los demás.

Escuela secundaria y preparatoria

-Introducir ejemplos del mundo real de actividades bancarias, administración del tiempo y compras que son importantes para las habilidades para la vida independiente.

-Haga que el estudiante memorice números importantes como números de teléfono, tarjetas de crédito y PIN, etc.

-Aproximadamente la edad de la escuela secundaria, es bueno introducir el uso de tecnología como calculadoras y computadoras. Como tienen poca memoria, es difícil recordar todas las sumas o todas las restas o la tabla de tiempo de multiplicación más compleja. Una calculadora ayudará ya que lo importante es conocer los principios para resolver un problema.

figura 108 – fácil de ver los botones.

Manipuladores

-Utilice manipuladores como cartas, dados y juegos de mesa. También intente usar tablas de fieltro, clasificar contenedores como cajas y frascos. Por ejemplo, puede jugar serpientes y escaleras o pedirle al alumno que lance los dados y escriba la respuesta.

-Con manipuladores, se puede enseñar clasificación y ordenamiento. Como clasificar objetos por color y tamaño. Las secuencias y los patrones también se pueden enseñar organizando imágenes para contar una historia. Los vasos apilables pueden enseñar a clasificar. Pueden elegir las cartas y las piezas de Lego del mismo color o de la misma forma.

Figura 109 – tazas apilables

Memoria

La memoria a corto y largo plazo suele ser un problema para los estudiantes con síndrome de Down. Normalmente hay dificultad para memorizar conceptos matemáticos como con las tablas de multiplicar, contar hacia atrás, vocabulario matemático y pasos de secuencia. Al final, a veces memorizar no es el objetivo, así que concéntrate en las técnicas y métodos de enseñanza.

Lo mejor es comenzar la lección revisando los conceptos aprendidos en la lección anterior. Puede utilizar juegos de preguntas con respuestas cortas. Dirija las preguntas a los estudiantes con comentarios correctivos cuando sea apropiado. Esto puede ayudarlo a estar seguro de lo que ya saben y de lo que necesita más trabajo. La práctica de conceptos ayuda a mejorar la recuperación de la memoria y reduce el esfuerzo para completar una tarea.

Utilice tarjetas con pasos específicos que desee que recuerden y trate de reducir su uso con el tiempo.

Procesamiento de información

-Debido a las dificultades con el procesamiento y la recuperación de información, trate de asignar menos problemas y dé más tiempo al estudiante

-Hacer uso de ayudas visuales. Puede tener imágenes, números con líneas, escalas o dibujos junto al problema o junto a la ecuación.

-Revisar conceptos con la mayor frecuencia posible. Practica el vocabulario y los pasos matemáticos. Por ejemplo, "Di algo significa que ahora tengo menos, así que es una resta". Deben saber el nombre de lo que están haciendo para recordar los pasos, por ejemplo, "Ahora estamos aprendiendo sobre los decimales y cómo hacerlos fracciones".

-Antes de presentar material nuevo, primero aclare las metas y los objetivos. Es bueno tener puntos de lo que es cada capítulo y mantenerlo en algún lugar claro y fácil de ver. Por ejemplo, "Estamos a punto de comenzar un nuevo capítulo sobre fracciones y estos son los puntos que cubriremos: 1. ¿Qué son las fracciones? 2. ¿Cómo represento las fracciones? 3. ¿Cómo hago fracciones equivalentes? 4. ¿Cómo resuelvo problemas de fracciones? " Mantenga los puntos en la pared y haga una breve revisión cada vez antes de pasar de un punto al siguiente.

Pensamiento abstracto

Para las dificultades con el pensamiento abstracto como la resta, los puntos decimales y los valores de los dígitos, intente lo siguiente:

-Enseñe a los estudiantes lo que representan los números, por ejemplo, diga, "Aquí hay 10 manzanas". y luego mostrarles físicamente 10 manzanas. "Si resto 3, ahora obtengo 3 manzanas menos del total original de 10, lo que ahora me deja con 7 manzanas". Use cualquier material que sea más fácil para representar unidades, decenas y centenas. Los estudiantes pueden crear su propia representación de decenas utilizando bloques de Lego, por ejemplo

-Anime al alumno a hacer distinciones entre tamaños, cantidades y formas. Por ejemplo, diga: "Aquí hay 3 formas diferentes. ¿Quién puede identificar y nombrar estas 3 formas? " Luego dibuja rápidamente un círculo, un cuadrado y un triángulo en la pizarra

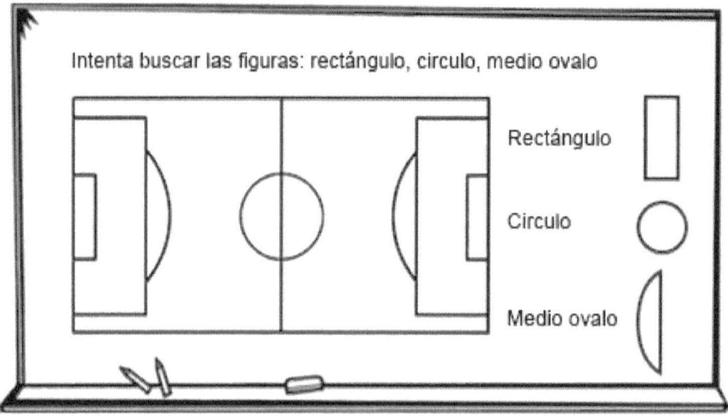

Figura 110 - Identificación de forma

-Animar a los estudiantes a aplicar sus conocimientos fuera del aula, por ejemplo en casa mientras cocinan, en el supermercado o cuando juegan un juego de equipo

Las habilidades motoras finas

Debido a la hipotonía y las dificultades de planificación motora, las lecciones de matemáticas se pueden dedicar igualmente a la escritura a mano y a la instrucción matemática. Tenga en cuenta esto.

-Permitir el uso de tarjetas numéricas y sellos en lugar de escribirlos

-Para estudiantes más avanzados, permita el uso de una calculadora o computadora

-Si están usando alguna tecnología de asistencia, cargue juegos relevantes y cualquier ejercicio para usar en el aula y en casa

Motivación

-El profesor debería centrarse más en el proceso de resolución de problemas que en el resultado final. "Vaya, lo resolviste. ¿Puedes encontrar otra forma de resolverlo?" Recuerde que se esforzaron por seguir los pasos correctos y seguir las instrucciones, así que no olvide reconocer su esfuerzo.

-A veces, los estudiantes con SD necesitan más "persuasión" para hacer cualquier trabajo o ejercicio, así que hágales sentir que están haciendo algo especial. Por ejemplo, "¿Viste lo que hice en la pizarra? Creo que eres el único que puede copiar eso muy rápido. Déjame ver..."

-Utilizar diferentes métodos y materiales al repetir conceptos de enseñanza. De esta forma no se van a aburrir haciendo el mismo ejercicio una y otra vez. Por ejemplo, para agregar libros, lápices, estudiantes, pelotas, Legos, velas, juguetes de plástico, etc.

-Mantener el interés del alumno utilizando materiales de su interés. Por ejemplo, Si descubres que les gustan los Pokémon, puedes usar pegatinas de Pokémon o pequeñas criaturas de Pokémon para hacerlo interesante.

El aprendizaje inclusivo se trata de cómo un estudiante con síndrome de Down puede aprender de sus compañeros y viceversa. Al pasar tiempo juntos aprendiendo y riendo, los estudiantes aprenden a vivir juntos. Al aprender de esta manera, un estudiante con síndrome de Down aprende cómo ser miembro de pleno derecho de una clase y, en el futuro, de la comunidad. Es su trabajo explicar la importancia de las buenas relaciones en el aula y alentar a sus estudiantes a ser abiertos y aceptar a los demás, con respecto a la discapacidad, la raza, la tradición, etc.

-Espere solo un comportamiento respetuoso en todo momento. Cuando vea un comportamiento que no es apropiado, no lo ignore. Es importante tomar medidas inmediatas y hablar al respecto con su estudiante.

-Enseñar la colaboración y el respeto usando historias, practicando entre ellos y situaciones de la vida real. Por ejemplo, un maestro puede preguntar: "¿Qué haremos si vemos que alguien se cae?" o "¿Qué hacemos cuando vemos acoso?" Lo más importante es que el maestro debe ser un ejemplo de todo lo que se enseña.

-Utilizando fotos, enseñe los nombres de todos en la escuela, los maestros e incluso el personal administrativo. Luego puedes jugar juegos como cuál es el color favorito o cuál es el hábito de cada profesor. Las imágenes pueden estar en la pared que represente a la clase o en la puerta.

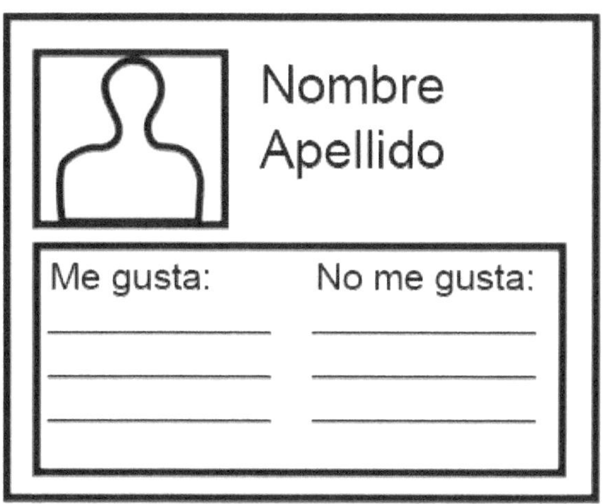

Figura 111 - Quite la foto para ver si saben quién es

-Enseñar y leer diferentes libros y materiales sobre el síndrome de Down. Invite a invitados especiales a hablar. Tener estudios abiertos y discusiones sobre el síndrome de Down con padres y maestros para conocer las características y los comportamientos de las personas con síndrome de Down. Asegúrese de que los padres estén de acuerdo con esto y que para el estudiante no sea vergonzoso. Puede basarse en un proyecto de la escuela sobre personas con discapacidad o en un proyecto sobre ser amable y humanitario

-Fomentar la colaboración estableciendo tareas que los estudiantes deben completar colectivamente. Incluya varios estilos de aprendizaje diferentes. Fomente la mentalidad de grupo o equipo en la que los estudiantes deben ayudarse entre sí para lograr un resultado final, como coescribir una historia o verificar el trabajo de forma colectiva. Trabajar en equipo solo es útil si tienen un objetivo que lograr. No solo en la clase sino también durante el día. El equipo puede ser premiado por su cooperación, por trabajar en silencio o por mantener limpio el aula. De esta manera se sentirán todos igualmente responsables

-Si un estudiante necesita apoyo, intente utilizar el apoyo de sus compañeros en lugar del apoyo del personal adulto. Por ejemplo, si necesita ayuda para completar un ejercicio o para terminar un dibujo, en lugar de que usted los ayude, puede preguntarle a un compañero que haya terminado su trabajo

-Fomentar los juegos sociales y colaborativos que construyan relaciones sólidas. Esto puede suceder en la gimnasia o durante los descansos. Utilice juegos grupales, como fútbol o voleibol o incluso juegos más infantiles como el escondite. Asegúrese de que todos participen

-Enseñar sobre los diferentes sentimientos y emociones en diferentes situaciones. Puede tener un fondo de pantalla con diferentes sentimientos y usarlo todos los días para expresarse. Puede tener tarjetas con los nombres de los estudiantes y ellos pueden pegarlas donde sientan. Luego explique qué es y por qué alguien se sentiría así. Por supuesto, necesita discutir ideas sobre cómo resolver y cómo actuar cuando alguien se siente negativo

Figura 112 - Una forma para que el alumno se exprese

Mantenga a los compañeros involucrados y fomente la retroalimentación para obtener una perspectiva más objetiva sobre los compañeros y aportar ideas. P.ej. en lugar de corregir un ejercicio, el estudiante sentado junto al otro puede hacerlo

-Permitir la comunicación entre compañeros y profesores. Por supuesto que no durante la lección, pero puede aceptar hacer una pregunta o tener una pequeña charla sobre libros durante el tiempo libre. También puede crear un descanso de 15 minutos entre las lecciones para hablar sobre el día o sobre algo que quieran compartir y para ayudar a construir buenas relaciones entre todos ustedes. Asegúrese de que la "regla" es escucharse mientras hablan

Memoria

Los estudiantes con síndrome de Down tienden a tener problemas con su memoria de trabajo o a corto plazo. Como resultado, esto dificulta el acceso, la comprensión y el procesamiento de la información de la misma manera y a la misma velocidad que otros estudiantes típicos. Sin embargo, esto no les impide aprender información. Con la motivación y las estrategias de aprendizaje correctas, un estudiante con síndrome de Down puede aprender.

-Algunos puntos clave que un maestro debe recordar al abordar este tema es permitir siempre al alumno más tiempo para aprender y permitir más tiempo de práctica para aplicar lo aprendido. Trate de mantener pequeña la cantidad de cosas para aprender y fomente la práctica a diario.

-Tener menos problemas presentados en la página y reducir la duración de las tareas. Esto se debe principalmente a que los niños con síndrome de Down pueden tener un ritmo de aprendizaje más lento que sus compañeros y necesitan tiempo para procesar las nuevas habilidades que han aprendido antes de poder pasar a otras.

-Los estudiantes con síndrome de Down tienen poca capacidad de memoria, así que use etiquetas o asociaciones verbales e intente dividir la información en partes más pequeñas que estén secuenciadas. Especialmente en edades más jóvenes puedes etiquetar imágenes y jugar con ellas. Luego puede pedirle al estudiante que juegue a las escondidas y buscar y luego decir la etiqueta. Para las edades mayores, se pueden agregar etiquetas en cada nueva lección de matemáticas. "Esta es la etiqueta de multiplicación 'X', y con esto, ¿qué puedo hacer?"

-Trabajar con juegos de memoria para recordar patrones.

-Tenga en cuenta que a veces pueden conocer la palabra pero les cuesta recordarla y decirla con claridad debido a la discapacidad de los músculos de la lengua. Luego, puedes pedirles que te muestren la palabra.

-A las personas con SD les gusta tener rutinas, así que lo que sea que quieras que aprendan, como regla, conviértelo en una rutina. Por ejemplo, "Todos los días que entro a clase les digo buenos días". O, "Cuando me siento en el escritorio, encuentro el lápiz, el borrador y la regla y compruebo cuál es la primera lección del día".

-Se ha comprobado en repetidas ocasiones que para todos los niños de diferentes niveles que mientras algo sea interesante, está mas comprometido en memorizarlo. Conozca los intereses del estudiante, preguntándoles a ellos o a sus padres e intente conectar las lecciones con eso.

Un tema importante es el efecto de los problemas de salud crónicos en el aprendizaje. Un estudiante con síndrome de Down puede tener problemas para comer y dormir junto con infecciones crónicas del oído o de los senos nasales. Si el estudiante de SD está tomando algún medicamento en particular, averigüe qué es exactamente, cuál es su propósito y qué efectos puede tener. La salud del estudiante puede variar de crónica a perfectamente saludable. Con los niños con síndrome de Down, los problemas de salud siempre pueden variar. Se deben descartar problemas de salud antes de intentar un enfoque de solución conductual.

Hipotonía muscular

Esto es cuando hay una disminución del tono muscular, que es la cantidad de resistencia al movimiento de un músculo. La hipotonía se manifiesta cuando existen problemas de habla, respiración, movilidad, letargo, reflejos deficientes, laxitud articular y ligamentos.

Los estudiantes con hipotonía muscular se frustran con las exigencias físicas necesarias para realizar incluso las tareas más mínimas. Para minimizar esto, pruebe las siguientes estrategias:

-El estudiante debe trabajar con un fisioterapeuta para desarrollar necesidades musculares específicas

-Tenga en cuenta que, para el desarrollo muscular, esto requiere un entrenamiento repetitivo. La cooperación con un terapeuta ocupacional es fundamental. Hablen juntos sobre ejercicios específicos que pueden agregar antes o después de la lección.

-Antes de comenzar la lección, intente algunos ejercicios con los estudiantes, especialmente antes de escribir como juntar las palmas o empujar con fuerza sobre el escritorio y apretar y relajar los puños.

-Aunque puedan hacer estos ejercicios, tenga en cuenta que les puede resultar difícil escribir. Utilice agarres y lápices especiales para facilitar la escritura y mejorar el enfoque.

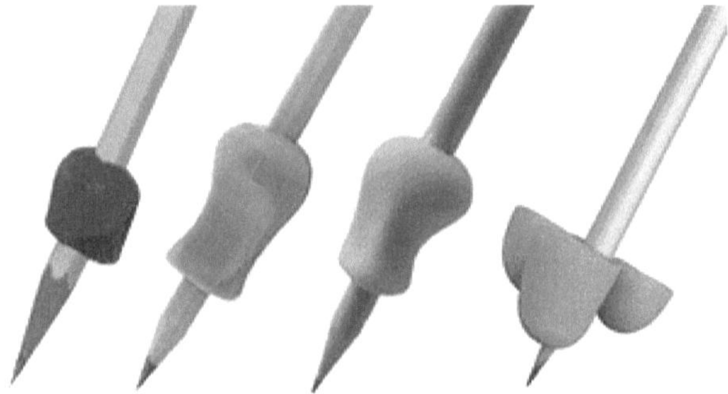

Figure 113 – Diferentes agarraderas para lápices

-Dele más tiempo para terminar sus tareas y minimice el trabajo guardando solo lo más importante. P.ej. si necesitan escribir un ensayo no necesitan escribir una página completa, tal vez algunos párrafos con un prólogo, detalles principales y una conclusión sea suficiente, o, cuando estás pidiendo encontrar respuestas, las preguntas no deben ser muchas o demasiado difíciles de encontrar.

-La tecnología y el software alternativos, como el texto predictivo para palabras y frases, se pueden utilizar para grandes cantidades de textos o respuestas

-Crear oportunidades para que practiquen la escritura y otros movimientos motores. Pueden etiquetar sus libros y juegos en clase o escribir algo en la pizarra. Tal vez tenga un pequeño diario para los estudiantes, donde cada uno agregue una pequeña oración.

-Para un desarrollo motor más fino, el estudiante puede probar actividades de fortalecimiento de dedos y muñecas. También puede haber oportunidades para practicar las habilidades diarias, como ponerse los cordones de los zapatos y usar cremalleras. Los juegos constructivos como unir piezas, coser y cruzar hilos o cuerdas de un agujero son una buena práctica.

Enfermedades del corazón

-Alrededor del 40% de los niños con SD tienen un defecto cardíaco congénito que ha sido operado, pero aún pueden participar en actividades con supervisión. El personal de apoyo y los compañeros también deben comprender y estar informados para ayudar mejor cuando sea necesario.

-Tenga cuidado en la gimnasia o en las actividades en las que deben esforzarse mucho.

-Investigue si está tomando algún medicamento y qué se debe hacer en caso de que ocurra algo.

Infecciones de las vías respiratorias superiores

Las personas con SD tienden a enfermarse con frecuencia. Las infecciones de las vías respiratorias superiores son una ocurrencia común que los maestros deben tener en cuenta, caracterizada típicamente por tos, secreción nasal, congestión nasal, estornudos, rinorrea, fiebre, irritación y dolor de garganta, así como respiración nasal pronunciada.

-Existe una alta probabilidad de ausentarse de clase por enfermedad. Los maestros deben estar al tanto y mantenerse en contacto con la familia durante estos días para ayudar al estudiante a mantenerse actualizado con las lecciones.

-El maestro puede proporcionar notas o cintas grabadas a los padres para ayudar al estudiante ausente a aprender lo que se perdió.

El maestro deberá dedicar más tiempo para ayudar al alumno a ponerse al día. A veces, la ayuda de un compañero de estudios puede hacerlos sentir mejor y aceptar la ayuda con más gusto.

Apnea del sueño

Esto es algo que padecen alrededor del 45% de las personas con síndrome de Down y es un término que se usa para cuando alguien deja de respirar por períodos cortos de tiempo, normalmente de 10 a 20 segundos mientras duerme. Esto puede resultar en deterioro intelectual y pérdida de memoria. También hace que el estudiante se sienta más aletargado y cansado. También puede tener el efecto de hacer que la persona se vuelva hiperactiva, lo que a veces se percibe incorrectamente como un trastorno por déficit de atención. En caso de que existan patrones de sueño inusuales, consulte con un médico ya que esto puede mejorar la calidad de vida y el rendimiento académico del estudiante.

-El profesor debe estar atento si el alumno sufre de apnea del sueño y sus síntomas. Cuando note las señales, déles unos minutos para salir y tomar aire fresco y quizás lavarse la cara.

-Ser sensible a la dificultad de concentración o hiperactividad y encontrar formas de bajar la tensión, con cantos o actividades sensoriales (presionar una pelota en las manos o pasar el cepillo por su espalda)

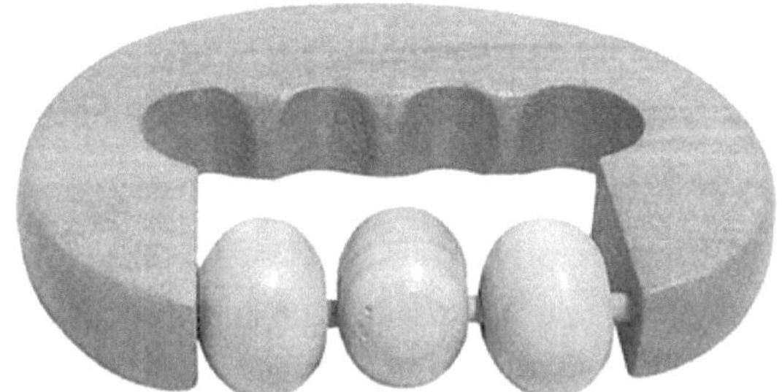

Figura 114 – herramienta para el masaje de manos

Estrategias para padres

Fue citado por el desarrollador Gerald Mahoney, Ph.D., para mejorar la cognición, la comunicación y el comportamiento de los niños con necesidades especiales, "Los padres son mucho más influyentes en el desarrollo de sus hijos que los maestros y terapeutas. El aprendizaje del desarrollo temprano para todos los niños puede ocurrir en el contexto de cualquier interacción o actividad en la que el niño está participando a lo largo del día. Los padres, especialmente en los primeros cinco años, tienen muchas más oportunidades de interactuar con sus hijos que los maestros en las aulas o los especialistas de servicios relacionados ". Esto resalta la importancia de una buena crianza.

Cuando uno comprende la mecánica social y médica, el síndrome de Down ya no se percibe como el diagnóstico negativo al que todos aluden inicialmente.

La información actualizada y precisa juega un papel importante para los padres que toman decisiones de vida en nombre de su hijo con síndrome de Down. Según Stephanie Meredith, escritora de "Comprendiendo un diagnóstico de síndrome de Down", dice:

"La mayor parte de la información errónea que existe es simplemente información obsoleta antes de que la intervención temprana, la inclusión y la atención médica progresiva fueran la norma. Desde que la sociedad ha comenzado a invertir en los niños con síndrome de Down, la esperanza de vida se ha duplicado a alrededor de 60, y son cada vez más las personas con síndrome de Down que pueden completar la escuela secundaria, asistir a programas universitarios especiales y vivir de forma independiente ".

Hay mucho que aprender para comprender la realidad social y emocional. Las familias que crían niños con síndrome de Down tienden a reportar beneficios positivos como más compasión e incluso orgullo por su hermano con síndrome de Down. Los hermanos y hermanas tienden a mostrar más paciencia y aceptación debido a su hermano. Además, un porcentaje muy alto de niños con síndrome de Down están contentos con sus vidas y hay menos casos de divorcio entre los padres de niños con síndrome de Down. Un buen punto de partida para mejorar las probabilidades de un mejor resultado parental es, en parte, reconsiderar la práctica Habitual de cómo los padres ven el estrés, la carga y el funcionamiento anormal en las familias de niños con discapacidades y la adaptación de un enfoque realista pero compasivo, enfoque tranquilo.

Dado que el síndrome de Down se diagnostica incluso antes de que nazca el niño, los padres tienen mucho tiempo para prepararse. Hay muchos seminarios y material de lectura disponible. También puede visitar a especialistas para que le orienten y le den consejos sobre cómo ayudar a su hijo.

La intervención temprana es fundamental para los niños con síndrome de Down. Cuantos más dominios comiencen a trabajar los padres desde una edad temprana, mejores serán los resultados a medida que el niño crezca. Cuando el niño tenga unos meses, comience a trabajar en sus habilidades físicas y en el lenguaje. Por ejemplo, comience a hacer movimientos con la boca y la lengua.

para intentar que te imiten. Tendrá que hacer esto durante mucho tiempo antes de verlos haciendo algo que se corresponda con usted, así que tenga paciencia e intente una y otra vez. Aparte de eso, trate de ejercitar su cuerpo, como fortalecer sus manos y piernas. Tenga cuidado con los movimientos, no empuje demasiado. Puede hablar con su médico o con un fisioterapeuta y un terapeuta ocupacional para que le oriente sobre ejercicios específicos.

Un padre también puede jugar con diferentes ruidos y las sensaciones del tacto y el olfato. Use diferentes flores y hojas con diferentes aromas para mejorar su sentido del olfato y juegue con diferentes tipos de materiales. En su dormitorio puedes tener alfombras y pisos de plástico para jugar y dejar que sientan la diferencia. Utilice el canto para aprender palabras pequeñas y su significado. Mientras canta, diga las palabras con claridad y haga grandes movimientos con la boca, para que puedan imitar.

El diagnóstico de SD debe verse a la luz compasiva de un niño con necesidades particulares. Esto significa la participación de los padres en todos los aspectos de la vida del niño hasta que se vuelvan autosuficientes (según la gravedad), desde socializar con sus jóvenes amigos hasta encontrar un trabajo adecuado. Si el niño tiene ambiciones atléticas, considere las Olimpiadas Especiales que tienen un programa para niños de 2 a 7 años de edad y ofrece una variedad de talleres educativos para padres.

Es necesario que haya más colaboración familiar donde la familia trabaja como una unidad para administrar la logística diaria o cualquier desafío. Por ejemplo, todos pueden tener un papel en el cuidado del niño con síndrome de Down, ya sea con turnos de tiempo o posiblemente con un sistema para garantizar que el niño con SD siempre sea parte de la dinámica familiar y esté involucrado en todas las decisiones. De esta forma, todos los miembros de la familia utilizan las mismas estrategias o métodos cuando hay un tema que necesita atención.

Parece haber muchas familias de niños con síndrome de Down que utilizan estrategias de afrontamiento pasivas y evitativas en detrimento del niño con síndrome de Down. Las estrategias de afrontamiento de evitación se han correlacionado significativamente con la ansiedad y la depresión del niño con SD. Por el contrario, ambos padres deben participar más y estar más dispuestos a asumir las responsabilidades necesarias en el cuidado del niño utilizando el mismo enfoque coherente. Se recomienda que todos los involucrados tengan un enfoque acordado para que se refuerce el enfoque. Por ejemplo, cuando su hijo insiste en comer más y usted siente que ya ha sido suficiente, es bueno que todos tengan una respuesta de acuerdo a esta situación: "Comimos más de lo que nos correspondía en el almuerzo. Pronto comenzaras a tener dolores de estómago nuevamente. ¡Vamos a dar un paseo ahora para preparar nuestro estómago para la cena!".

Adoptar un estilo de comunicación de resolución de problemas más afirmativo que muestre más apoyo y cariño y, como resultado, tenga una influencia más tranquilizadora en situaciones estresantes, a diferencia de un estilo incendiario de comunicación de resolución de problemas (agrava una situación estresante). Para que esto tenga éxito, los padres deben conocer el comportamiento de su hijo y lo que le gusta y lo que no le gusta y, probablemente, lo que es más importante, lo que les ayuda a calmarse y escuchar.

Comunicarse con otros padres

Para los padres que crían a un niño con síndrome de Down, es más fácil para ellos ponerse en contacto y comunicarse con otros padres que están criando hijos similares. Hay conferencias que ofrecen organizaciones como el Congreso Nacional del Síndrome de Down (ndsccenter.org) y la Sociedad Nacional del Síndrome de Down (www.ndss.org). Hay grupos de apoyo en muchas comunidades locales que se pueden encontrar en la página de afiliados del sitio web de NDSS.

Visite estos sitios: Congreso Nacional del Síndrome de Down (http://www.ndsccenter.org/), Blog: Hospital de rehabilitación infantil Holland Bloorview (bloom-parentingkidswithdisabilities.blogspot.com), Blog: Padres esperanzados (HopefulParents.org). Para información y grupos quizás localizados, busque en Facebook.

Es muy bueno socializar y conocer a padres afines que se encuentran en la misma situación. Lo más probable es que ellos también se sientan un poco incómodos al hablar y conocer a otros padres por primera vez. No se preocupe por intercambiar ideas, visitas de amigos, etc. Con la escuela aproveche cada oportunidad para organizar actividades y eventos al aire libre.

Encuentre la experiencia médica adecuada

Es mucho mejor visitar a un pediatra del desarrollo que se especialice en el síndrome de Down en lugar de visitar a un pediatra general que no tendrá la experiencia adquirida en un programa dedicado a la trisomía 21, por ejemplo. Consulte también las pautas de atención de información más actualizadas que se pueden encontrar en la Sociedad Nacional del Síndrome de Down. Además, puede haber información sobre las clínicas especializadas para niños con síndrome de Down. Aunque muchas personas son profesionales y buenas en lo que hacen, es necesario encontrar con quien se sienta bien y con quien pueda confiarle a su hijo. Es posible que deba trabajar con diversas especialidades como logopedas, terapeutas ocupacionales y educadores especiales. Asegúrese de que su hijo se sienta positivo cada vez que vaya a recibir una lección y de que pueda ver una mejora después de algunos meses.

Mantenimiento de registros médicos y educativos

Además de ser como cualquier otro niño que va a fiestas de cumpleaños, tiene vida social, etc., los niños con síndrome de Down tienen visitas regulares a médicos y especialistas médicos y citas con educadores especiales, terapeutas, maestros y otros profesionales. Para los padres, esto significa administrar y realizar un seguimiento de toda la información histórica de todos los médicos, maestros y otras personas que cuidan al niño. Para estos Cuadernos de cuidado, pregunte al hospital local que el niño visita si pueden ofrecerle las plantillas o sistemas existentes para realizar un seguimiento de toda esta información.

También es bueno tomar sus propias notas sobre cómo se desarrolla su hijo y qué cambios está haciendo al hablar, comer, agarrar, imitar, etc.

	January	February	March
Hablando	Ya dijo"mama, papa"	Ya dijo"mama, papa, comida, agua, leche"	nada

Comiendo	Con mi ayuda	Con sus propias manos	Completamente sin ayuda
Agarrando	Usando todos los dedos	Usando 3 dedos	Usando 2 dedos
Imitando	Cara feliz/triste	Mayor variedad de expresiones	Empezo a imitar movimientos corporales como bailar
....			

Debido a la naturaleza del síndrome de Down, no es necesario que cambie muchas cosas en su hogar. Es bueno tener un dormitorio privado dedicado a su hijo con todo ordenado y en su lugar. Enséñele a su hijo desde pequeño a ordenar y saber dónde está todo. P.ej. cada vez que les cambia la ropa, debe decirles: "Ésta es ropa sucia, pongámosla en la canasta. Esa ropa está limpia, así que guardémosla en el armario ". O para los juguetes, una vez que termines, ten un cajón para rompecabezas y otro para muñecas por ejemplo.

Por lo general, prefieren solo un juguete, así que intente involucrarlos con otros tipos de juegos. A veces tienen estas preferencias porque les resulta difícil aprender algo nuevo y necesitan orientación.

En su habitación y alrededor de la casa, ponga etiquetas en los objetos y muebles. Esto le ayudará a familiarizarse con las palabras comunes y, más adelante, a leerlas. Utilice las imágenes para decir, por ejemplo, "Traiga la silla". y señalar la palabra.

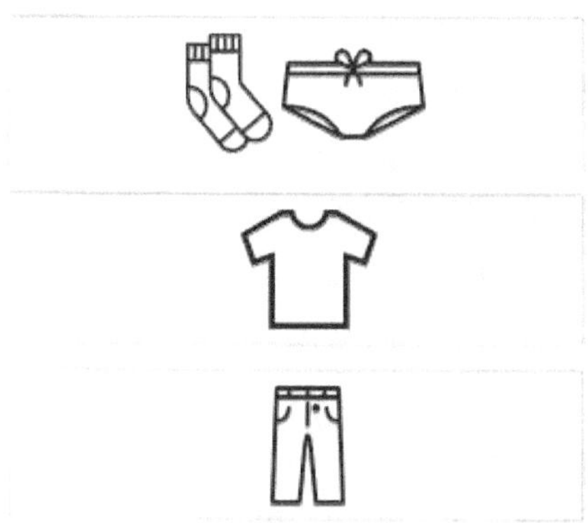

Figura 115 - Cajones etiquetados

Ponga palabras e imágenes en las paredes de su habitación para el vocabulario diario; buenos días, buenas noches, dulces sueños, etc. También lleve un calendario de pared para que conozcan los días de la semana y los meses.

Trabajar con las fortalezas del niño

A pesar de los desafíos físicos y del desarrollo, el niño exhibirá una personalidad distinta junto con algunas fortalezas positivas. Aunque es fácil concentrarse en las limitaciones del niño y en lo que no puede hacer, los padres deben concentrarse en lo que el niño puede hacer. El entrenamiento receptivo hace precisamente eso. Es cuando los cuidadores o los padres responden a las áreas de interés y fortalezas del niño, disminuyendo cualquier frustración en nombre del niño y aumentando las emociones positivas y el crecimiento personal, así como una mayor cognición y comunicación. Trate de desarrollar sus habilidades físicas y mentales a través de las cosas que le gustan y prefieren. Por ejemplo, si les gusta colorear, utilícelo para practicar la motricidad fina, aprender los colores, las formas, los números y las letras. Utilice su preferencia para hacer las etiquetas en la casa y déjeles expresarse. Participa en concursos y ven con los otros padres y otros niños a los que también les gusta colorear. Para ello, puedes apuntarte a clases de arte y así enseñarás a compartir y socializar.

La capacitación receptiva es un gran tema y vale la pena investigarlo más a fondo, así que investigue un poco, comenzando con conferencias y charlas que realizó el Dr. Mahoney entre otros especialistas que se pueden ver en línea.

Los niños con síndrome de Down tienen un tono muscular bajo y, por lo tanto, no les resulta fácil controlar el proceso mecánico de comer y beber. La terapia de alimentación, que es un precursor de la terapia del habla, será necesaria en sus primeros años. Esto necesita estrategias más especializadas, por lo que debe comunicarse no solo con su pediatra, sino también con un terapeuta del habla o terapeuta ocupacional para que lo ayude con ejercicios específicos antes y durante la comida.

Debido al bajo tono muscular y otros factores, normalmente existe una dificultad para hablar en los niños con síndrome de Down. Aquí los terapeutas del habla son imprescindibles para ofrecer estrategias para mejorar la comunicación fortaleciendo los músculos del niño. Estos mismos músculos se utilizan no solo para comunicarse, sino también para comer y, por lo tanto, la terapia de alimentación, que es un precursor de la terapia del habla, será necesaria en los primeros años de sus vidas.

Muchos de estos niños querrán comenzar a comunicarse antes de que los músculos y la boca estén lo suficientemente desarrollados como para producir palabras claras. Mientras esperan que el idioma "se ponga al día", los niños tendrán mucho que decir, por lo que es importante encontrar formas de ayudarlos a comunicarse. El uso de imágenes, lenguaje de señas y dispositivos aumentativos son algunas soluciones que reducirán la frustración de no poder comunicarse y ayudarán a fortalecer la relación del niño con los padres en esos años de formación. Como etiquetó los muebles, de la misma manera puede etiquetar el agua, la leche, las tazas, etc. para ganar comunicación y habla. Puede usar imágenes de la casa para agregar a un tablero de comunicación y usarlo. También al mismo tiempo, trate de mejorar su lenguaje diciendo las palabras etiquetadas cada vez y practicando en diferentes momentos durante el día.

Hay libros de lenguaje de señas para bebés y videos para bebés y niños pequeños que presentan a los padres y al niño el lenguaje de señas básico. También eche un vistazo al libro titulado "Habilidades de comunicación temprana para niños con síndrome de Down", de Libby Kumin, Ph.D. que analiza los dispositivos de comunicación aumentativa.

Mantenlos practicando con su lengua. Puede pedirles que se laman los labios o jueguen con pajitas para beber. Masticar juguetes también puede ayudar con su desarrollo sensorial.

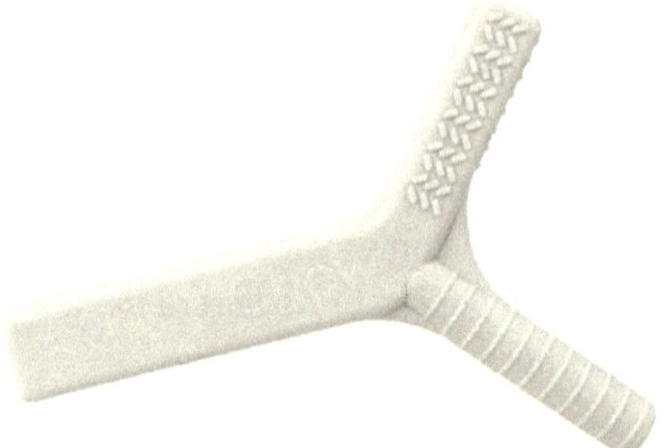

Figura 117 - Juguete masticable para el reconocimiento sensorial

Niños en edad escolar

IDEA también requiere que la educación especial y los servicios relacionados se ofrezcan de forma gratuita a todos los niños elegibles con una discapacidad, y eso incluye a todas las personas de entre 3 y 21 años. El programa tiene como objetivo ayudar a las necesidades individuales del niño asociadas con la discapacidad. Comuníquese con el Centro de Información y Recursos para Padres, el sistema de escuelas públicas o primarias que tiene mucha información sobre el tema.

Educación de un niño con síndrome de Down

En el sistema escolar los padres junto con los profesores desarrollan conjuntamente el Programa de Educación Individualizada (PEI). Este PEI es idéntico al PAIF en que identifica las necesidades únicas del niño con respecto a su discapacidad y los servicios disponibles para satisfacer esas necesidades. Este PEI establecerá las metas anuales de aprendizaje y otras estipulaciones. Consulte con la junta escolar o los maestros del niño para ver cómo implementar esto y todos sus detalles.

Junto con el maestro, lleve un diario de la mejora del niño y qué más necesita mejorar. Una carpeta de comunicación que se quede permanentemente en el bolso del niño puede servir para comunicar cuáles son las tareas o los juegos requeridos para hacer en casa para practicar. Trate de no presionar demasiado al niño, pero también tenga en cuenta que los niños con síndrome de Down tienden a manipular y tratan de evitar la tarea. La comunicación con el profesor es muy importante, así que prepare y mantenga sus propias notas y puntos que desee abordar.

Programa de inicio

Es bueno preparar un programa en casa de acuerdo con las necesidades de la escuela. Trate de tener sesiones de terapia y deberes por la mañana o al mediodía, para que la tarde sea libre para actividades y amigos. Después de comunicarse con el maestro, intente utilizar los mismos métodos y estrategias que el maestro. Si encuentra demasiado la tarea, divídala en partes más pequeñas para maximizar el tiempo de concentración. Tenga 20 minutos de matemáticas con un descanso de 5 minutos para ir al baño y luego continuar con la siguiente materia. El tiempo variará según el niño. Recuerde hacer que sea emocionante y un desafío lúdico para ellos. "Vaya, parece que lo sabe. ¿Puedes leerlo tú mismo ahora?". "Oh, olvidé cómo hacer esto. ¿Utilizo este número o este? " Cuando veas que están cansados o se distraen, "Haremos esto 2 veces más y podemos ir a jugar".

Trate de practicar a través de juegos de ejercicios orales, ya que el habla y la comunicación son importantes. Utilice cualquier tecnología de asistencia si es necesario para mejorar los errores de habla y sintaxis. Insista en usar las palabras correctas en el orden correcto cuando practique. Dé un ejemplo de la forma de usar el idioma y trate de evitar cualquier charla de "bebé". Puede usar tarjetas con animales o vegetales y pedirle al niño que intente nombrarlo después de que se lo describa para que pueda encontrar lo que es.

Actividades como el teatro, la danza, la música y los deportes son formas en las que un niño puede aprender a expresarse mejor.

Si quieres que aprendan algo, trata de convertirlo en una rutina, como antes de comer siempre lávate las manos.

Desafíos de comportamiento

1-Descartar un problema médico

Para abordar mejor cualquier "problema de conducta", es bueno que los padres primero establezcan si hay algún problema médico que pueda estar afectando a la persona, como:

-Ansiedad

-Depresión

-Apnea del sueño

-Problemas de visión o audición

-Enfermedad celíaca

-Problemas tiroideos

-Reflujo gastroesofágico

-Estreñimiento

El padre tendrá que intentar ser más paciente y calmar al niño y reducir o incluso eliminar la tarea. Tal vez pruebe actividades más relajantes como salir a caminar o jugar al aire libre en el jardín. Dependiendo de la respuesta del niño, puede ajustar las actividades para encontrar algo que los calme, como escuchar música, meditar o simplemente leer un cuento.

Si el problema es de salud, como con la tiroides, entonces debe consultar con el médico sobre cualquier medicamento. Recuerde que la medicación debería ser un último recurso. Un padre debe poder "leer" los signos de cansancio y actuar antes de que el problema haya ido demasiado lejos.

2-Considere cualquier estrés emocional en el hogar, la escuela o el trabajo

Existen numerosas fuentes del estrés que puede tener una persona con SD, pero aquí hay una breve lista de puntos que pueden desencadenar el estrés:

-Frustración al expresarse

-Dificultades con las transiciones a la adolescencia o adultez temprana

-Empezar a trabajar en un nuevo entorno y lejos de su entorno escolar protector

-La apnea obstructiva del sueño puede causar falta de sueño y cansancio constante

Para esto último, debe intentar mantener un programa estándar para el niño, con un tiempo establecido para dormir y calmarse antes de acostarse. Dado que los problemas respiratorios suelen interrumpir su sueño, es posible que necesiten un poco más de tiempo para dormir que otros. Además, asegúrese de preparar a su hijo por adelantado para cualquier cambio. Ofrezca explicaciones simplificadas para el cambio y haga que parezca algo simple y bueno. Por ejemplo, si están cambiando de escuela, enfatice cómo están creciendo y cómo ahora pueden mostrar sus nuevas habilidades aprendidas en esa escuela. Permítales que se familiaricen con el nuevo entorno escolar visitando la escuela antes de que comience el período escolar.

3- ABC del comportamiento

El padre debe trabajar en estrecha colaboración con el pediatra y psicólogo conductual para crear un plan de conducta utilizando el Antecedente, la Conducta y la Consecuencia de la conducta. Esto lo pondrá en el camino correcto para proceder con una solución.

Figura 118 - Seguimiento del comportamiento usado; Antecedente, Comportamiento, Consecuencia del comportamiento

4-Descarta el TDAH y el autismo

El TDAH también puede ocurrir en personas con SD y se debe evaluar su impulsividad y capacidad de atención. Habiendo dicho eso, la pérdida de audición y los problemas de procesamiento del lenguaje junto con los trastornos de ansiedad probablemente causarán problemas con la atención del niño.

El trastorno del espectro autista también ocurre en aproximadamente el 6% de las personas con SD. Para el autismo, el diagnóstico correcto debe realizarse lo antes posible para que se puedan administrar los servicios terapéuticos y educativos adecuados.

Si el niño tiene discapacidades combinadas, por supuesto, esto será más difícil. Sea consciente del autismo y observe los signos de rabietas o crisis nerviosas y trate de evitar cualquier cosa que sepa que será demasiado o molesto. Mantener un ambiente silencioso y tranquilo en casa, sin grandes interrupciones, ayuda al niño con TDAH a estar más tranquilo y estable. Conozca sus gustos y disgustos. Por ejemplo, si sabe que son sensibles a ruidos fuertes, no tiene que asistir a una gran boda desde el principio y estar allí hasta el final. Tal vez él / ella pueda usar tapones para los oídos para que el niño pueda comenzar a familiarizarse con lugares concurridos. Puede hablar con el niño antes de salir y acordar una señal que el niño pueda darle cuando esté cansado.

Además, la intervención temprana es importante para todos los niños con discapacidades. Para el síndrome de Down, incluso si no sabe si se combina con otras discapacidades, puede comenzar a usar estrategias para el TDAH y otros métodos desde que son bebés. Mientras más joven posible es mejor, ya que esto ayudará al niño más adelante en su vida.

Después de una evaluación cuidadosa, puede haber algunos profesionales que puedan recetar medicamentos para el TDAH y el autismo. No es la situación ideal, pero se recomienda encarecidamente que se realicen consultas profesionales y una investigación profunda y exhaustiva antes de cualquier uso de medicamentos. No se conforme con la opinión de un médico.

Más comentarios

También se debe señalar que los problemas de comportamiento son los mismos que los de cualquier otro niño solo que ocurren a una edad posterior, por ejemplo, el comportamiento de mal genio visto en un niño de 3 años, se ve en el de un niño con SD de 4 años. Por lo tanto, lo que debe tenerse en cuenta es la edad de desarrollo del síndrome de Down y no la edad cronológica.

Busque programas de apoyo para padres y cuidadores que puedan proporcionar más información sobre los programas de tratamiento comunitarios. Los problemas más graves deberán ser abordados por un especialista en comportamiento con experiencia en trabajar con tales casos.

Esté atento a los objetivos a largo plazo

Implementar cambios ahora marcará la diferencia en el futuro de su hijo, por ejemplo, su capacidad para trabajar y ser independiente, por lo tanto, tenga en cuenta el panorama general para superar las frustraciones diarias y recuerde que realmente están tratando de hacer que usted se sienta orgulloso.

Servir de enlace con los maestros de la escuela

Mantenga informados a los maestros sobre cómo se está comportando el niño en casa, tanto los comportamientos buenos como los difíciles. También acuerde con los maestros estrategias de comportamiento para que el mismo mensaje se transmita en la escuela y en el hogar. Si desea que pida ayuda, insista en que diga: "Necesito ayuda con ... por favor ..." Finalmente, asegúrese de que el maestro sepa lo que le gusta y lo que no le gusta al niño.

Interpretar los desafíos conductuales

Incluso el comportamiento más difícil es normalmente una señal de que el niño con SD está frustrado y carece de la habilidad para expresarse. Quizás se sientan físicamente incómodos o quizás simplemente necesiten atención o afecto. Solo consuela y muestra comprensión. Por ejemplo, puede decir: "Está bien, sé que esto es difícil. Cálmate, ve a lavarte la cara y vuelve para que podamos intentarlo de nuevo ".

Establecer las reglas

Para algunos niños con dificultades con el lenguaje y mala memoria auditiva, una explicación larga sobre la mala conducta solo será confusa y frustrante, así que es mejor establecer algunas reglas y las consecuencias de romperlas. A menudo, es posible que el niño necesite que se le recuerden las reglas, así que señale las reglas para que las recuerde. Puede tener las cosas más importantes en un póster en la pared de su habitación. Recuerde usar lenguaje afirmativo.

También trabaje con el maestro en la escuela y acuerde conjuntamente ciertas reglas para que haya coherencia. Asegúrese de que el niño comprenda cuáles son las reglas y cuál es el resultado de romper estas reglas. Por ejemplo, necesito llevar todos mis libros a la escuela. Si olvidan que tienen 2 advertencias orales, puede haber consecuencias.

Responde positivamente

Las personas con síndrome de Down normalmente reaccionan bien a las estrategias de comportamiento positivo en lugar de a la disciplina, así que adopte enfoques innovadores antes de recurrir a la disciplina, "Noté que dejaste tu habitación desordenada. ¿Crees que puedo ayudarte a organizarlo? "

Direcciones simples y claras

Cuanto más simplifique lo que quiere decir, es más probable que el niño cumpla. Las instrucciones deben ser específicas y con pocos pasos. Por ejemplo, diga: "Ve y lávate las manos, por favor". en lugar de "¿Puedes ir al baño y lavarte las manos antes de la hora de cenar?" Cualquier acción realizada suficientes veces se guardará en la memoria. También puede considerar hablar con el terapeuta del habla sobre otras opciones para transmitir instrucciones simples y claras, como usar el lenguaje de señas o un sistema de intercambio de imágenes.

Horarios y rutinas

Los niños con síndrome de Down aprenden mejor mediante la repetición y la estructura. Al enseñarles algunas habilidades diarias, es probable que ellos hagan lo mismo cuando sean adultos independientes. El uso de un horario facilita que los niños con SD recuerden y sigan las tareas básicas de las rutinas diarias como esta para cuando regresen a casa después de la escuela:

Figura 119 – Rutina diaria de tiempo en casa

Puede hacer esto para cualquier habilidad, como cepillarse los dientes, tomar una ducha, usar la ropa adecuada. Para edades más jóvenes, puede utilizar la secuenciación de imágenes. De lo contrario, puede hacerlo como una lista de verificación.

Recuerde reforzar el comportamiento positivo elogiándolos por la finalización de sus tareas. Si olvidan algo, puedes recordarles: "¿Qué hacemos después de ponernos los calcetines?" o "Mira tus fotos, ¿qué hemos olvidado?"

Elige tus batallas

Un padre debe entender que el niño siempre tendrá una mente propia y el padre no siempre podrá controlar todos los desafíos de comportamiento. Por lo tanto, es mejor dar un paso atrás y considerar en qué comportamiento vale la pena actuar. Considere estas pautas:

-¿Está poniendo en peligro a alguien? y si es así intervenga

-Tenga una idea de cuáles son los principales problemas de comportamiento (reacción de enojo por tener que terminar el tiempo de juego o tal vez comienza a gritar cuando se siente frustrado) y si no los hay, déjelo pasar por el momento.

-Si es solo un comportamiento molesto como, por ejemplo, el niño tararea constantemente para sí mismo mientras juega, tal vez deje que el niño siga jugando. Es probable que con un poco de estímulo puedan detener este comportamiento más adelante. "Intentemos resolver este acertijo de nuevo y hagamos como que somos ratones silenciosos que no hacen ningún ruido, incluido el tarareo. ¿Lo intentamos?"

-Trata de no ser demasiado agresivo y ser más útil si sabes que están enfermos. Ayúdelos a ponerse los zapatos en lugar de solo recordarles

Evite las luchas de poder

Esto es cuando el niño puede querer una cosa y el padre quiere otra y nadie está dispuesto a ceder. Darle al niño un poco de control sobre la situación normalmente lo hace sentir mejor. Para evitar esta situación, pruebe estos consejos:

-Ofrecer al niño una alternativa. Por ejemplo, diga: "Está bien, entonces tenemos que hacer estas 3 tareas. ¿Qué tal si haces la que más te gusta primero y luego me dices cuál quieres hacer a continuación?"

-Hágale saber al niño que si primero hace lo que usted quiere, entonces puede elegir lo que quiere hacer a continuación, "Si primero me ayudas con la cena, entonces podemos sentarnos a ver tu video favorito".

-Utilice un enfoque afirmativo. Por ejemplo, "Ok, vamos a comer chocolate después de que hayas terminado de desayunar. Termine su leche y luego podrá comer un bocado ".

Introduce la diversión en las tareas mundanas

Si no les gusta la hora del baño, deje que el niño lleve consigo su figura de acción favorita o su muñeca de plástico. Si no les gusta caminar, conviértalo en un juego en el que el primero en llegar al final del camino sea el ganador. Cuando estés en el supermercado, pídeles que te ayuden a encontrar algunos de los comestibles.

Efectividad de ignorar

Algunos de los comportamientos indeseables se deben a que simplemente buscan atención. Entonces, siempre que el comportamiento no sea inseguro, simplemente ignorarlo y no reaccionar puede desalentar este comportamiento, ya que se dan cuenta de que el comportamiento no está teniendo el efecto en usted que pensaban. Esto también se puede dar un paso más al eliminar cualquier forma de recompensa, como pedirle al niño después de un cierto "comportamiento negativo" que se siente en silencio en un área o esquina sin juguetes, televisión o personas con las que interactuar. Recuerde que gritar o regañar al niño lo molestará, pero probablemente será una recompensa para el niño. Intente evitar reaccionar impulsivamente y mantenga la calma, respire hondo y pregúntele al niño: "John, dejemos que los dos descansen. Por favor, siéntese durante 5 minutos en el área tranquila y yo también me sentaré en esta silla durante 5 minutos. Luego puedo hablar de nuevo ".

Eliminando privilegios

Recuerde que el niño solo entenderá por qué se le niega o se le quita algo debido a su mala conducta. Necesitan conocer las consecuencias de un comportamiento indeseable. "John, como golpeaste a tu hermana, ahora tendremos que cancelar la caminata hacia el parque. Por favor, siéntate en el área tranquila".

Se ha demostrado que cuanto antes se inicie la lectura en el niño con síndrome de Down, mejor. Esto ayuda enormemente con sus habilidades de alfabetización, lenguaje, habla y memoria más adelante en su adolescencia. Por eso es importante comenzar a enseñar a los 2 o 3 años de edad. Si puede comenzar incluso antes, esto es aún mejor. Por supuesto, depende del niño y de sus características. Los mismos principios que un maestro usa inicialmente pueden y deben ser usados y adoptados consistentemente por los padres en casa. Muchas de las estrategias se mencionan en la sección de estrategias del maestro en este mismo capítulo. Pero antes de pasar a esa sección, se debe recordar a los padres que se encuentran en una posición clave para darle al niño una ventaja, ya que es probable que algunos ejercicios sean más adecuados para el hogar. Por ejemplo, para retener y recordar vocabulario, pruebe con rimas y canciones infantiles y ponga etiquetas en los muebles. Mantenerse en comunicación con los maestros de la escuela y las estrategias que utilizan reforzará muchos ejercicios de lectura positivos. Practica mucho desde una edad temprana, idealmente de 2 a 3 años. Especialmente con los niños con síndrome de Down, necesitan una intervención lo antes posible.

En la escuela secundaria y la edad adulta

El niño, los padres y el equipo del PEI deben comenzar a planificar el futuro del niño. Las consideraciones incluyen el empleo futuro, la vida independiente, el cuidado de sí mismos y la promoción de su educación. La independencia de uno mismo es muy importante y lo primero que un padre debe tener en cuenta. Enséñeles a vestirse, a pedir ayuda o a saber dónde viven y poder ir al supermercado o reunirse con amigos. Además, tenga en cuenta que convertirse en un adolescente será un período difícil para ellos. Enséñeles sobre su personalidad y su cuerpo, sobre su privacidad y su protección ante cualquier peligro en la calle. Manténgase en contacto con el psicólogo sobre cómo abordar cualquier cambio en el comportamiento y cómo controlar cualquier problema sexual. Con IDEA, esta planificación de la transición a la edad adulta debe comenzar antes de que el niño cumpla 16 años y esto idealmente debería ser incluso antes para los niños con síndrome de Down. Ha habido cambios notables en el enfoque y la aceptación de las personas con síndrome de Down en la fuerza laboral y la educación. La educación inclusiva e integral de IDEA ha tenido un impacto positivo en el público en general. Independientemente del país, existe un creciente apoyo y aceptación en todo el mundo hacia el síndrome de Down.

Hay problemas de salud específicos para las personas con síndrome de Down y solo con una visita al médico se puede realizar un diagnóstico adecuado y tomar las precauciones necesarias. Por ejemplo, las personas con SD tienden a tener un sistema inmunológico más débil y, como resultado, la infección puede provocar problemas respiratorios. Desafortunadamente, esto es algo común. En lo que respecta a problemas sensoriales como la exposición a demasiada luz, eso es algo sobre lo que un especialista puede asesorar. También son comunes los problemas visuales con miopía y ojos cruzados. También pueden experimentar pérdida de audición junto con dificultad para hablar. Los defectos cardíacos son tan comunes como 1 de cada 3 bebés con síndrome de Down. Afortunadamente, la mayoría de los problemas cardíacos se pueden corregir. Los problemas del tracto gastrointestinal también son comunes y también pueden corregirse quirúrgicamente. También existe una afección llamada inestabilidad atlantoaxial que es una desalineación de las dos vértebras superiores del cuello y puede ser una afección potencialmente grave. Debido a esto, las lesiones son comunes si se realizan actividades que extienden o flexionan demasiado el cuello. Por esta razón, solo con un examen médico los padres pueden saber si deben restringir a su hijo a ciertas actividades, como deportes, que pueden causar esfuerzo. A medida que las personas con síndrome de Down envejecen, tienden a volverse obesas, lo que tiene un impacto directo en su salud y longevidad. Para evitar esto se debe fomentar buena dieta y el ejercicio regular.

Referencias

JIDR-Journal of Intellectual Disability Research Published on behalf of mencap and in association with IASSID volume 54 part 3 pp 266–280 march 2010 doi: 10.1111/j.1365-2788.2010.01258.x *Parenting stress and coping styles in mothers and fathers of pre-school children with autism and Down syndrome*jir_1258 266..280

Families of Children with Down Syndrome: Responding to bA Change in PlansQ with Resilience Marcia Van Riper, RN, PhD Journal of Pediatric Nursing, Vol 22, No 2 (April), 2007 The author wishes to acknowledge support from grant KO1 NR00139 (National Institute of Nursing Research, National Institutes of Health) and a seed grant from The Ohio State University College of Nursing.

Educating children with Down's syndrome in the United Arab Emirates Eman El. Naggar Gaad British Journal of Special Education Volume 28, No, 4(December 2001)Bonnie Patterson. (n.d.). Managing Behavior and Down Syndrome. Retrieved March 03, 2017, from http://www.ndss.org/Resources/Wellness/Managing-Behavior/

[Advertisement]. (n.d.). Retrieved from http://dsagsl.org/wp-content/uploads/2014/04/Behavior-Guide-for-Down-Syndrome.pdf acknowledgment of Children's Hospital Boston as the source, Behavior and Down Syndrome: A Practical Guide for Parents, Author David Stein, PsyD

Frances K. Wiseman, Kate A. Alford, Victor L.J. Tybulewicz, Elizabeth M.C. Fisher; Down syndrome—*recent progress and future prospects.* Hum Mol Genet 2009; 18 (R1): R75-R83. doi: 10.1093/hmg/ddp010

Cliff Cunningham. (n.d.). *Families of children with Down syndrome.* Retrieved March 03, 2017, from https://www.down-syndrome.org/perspectives/66/

What Is Down Syndrome. (n.d.). Retrieved March 03, 2017, from http://www.ndss.org/Down-Syndrome/What-Is-Down-Syndrome/

[Advertisement]. (n.d.). Retrieved from https://www.kcdsg.org/files/content/Supporting%20the%20Student%20with%20Down%20Syndrome%20in%20Your%20Classroom-Teacher%20Manual.pdf Special Thanks to JOAN ALTOBELLI, Former Director of Special Education, for providing the opportunity for DSACT and AISD to work together by forming this joint committee, and to ED HAMMER, B.A., M.S., M.Ed., LPC, LMFT, Ph.D. for his editing expertise and for contributing information and resources about positive behavior supports.

Down's Syndrome - Classroom strategies - SCoTENs Teacher Education Ireland. (2015, May 13). Retrieved March 03, 2017, from http://scotens.org/teaching-pupils-with-down%E2%80%99s-syndrome/

Http://www.cdss.ca/images/pdf/parent_information/teaching_students_with_down_syndrome.pdf [Advertisement]. (n.d.).

[Advertisement]. (n.d.). Retrieved from https://www.supportforfamilies.org/disabilitypackets/2015/Ch3_Teaching-Strategies-DS_Horstmeier.pdf

Parenting a Child With Down Syndrome. (n.d.). Retrieved March 03, 2017, from http://www.webmd.com/parenting/parentingchild-downs-syndrome#1 WebMD Medical Reference Reviewed by Amita Shroff, MD on March 20, 2016

Amy Julia Becker. (2015, November 02). *How to Raise a Child With Down Syndrome*: Advice and Resources. Retrieved March 03, 2017, from http://www.parents.com/health/down-syndrome/down-syndrome-resources/

(n.d.). Retrieved March 03, 2017, from http://www.parentcenterhub.org/repository/downsyndrome/

CAPÍTULO 2

Síndrome de Down.

Encontrando la educación adecuada

2. Encontrar la educación adecuada

Dentro de la educación pública, existen 2 opciones:

1) Inclusión total
2) Aulas autónomas o educación especial

Inclusión total

Aquí, el estudiante se incluye en el sistema educativo convencional con compañeros que muestran comportamientos apropiados para su edad.

Las desventajas de la inclusión total en las escuelas públicas es que el estudiante con necesidades especiales puede no tener la asistencia requerida debido a que el sistema de apoyo escolar no está preparado y que los maestros no están lo suficientemente capacitados. También para un niño con severas restricciones físicas y mentales, el niño puede fácilmente sentirse abrumado y perturbado como resultado.

Aulas autónomas o educación especial en escuelas públicas

Para aquellos que cumplen con los criterios de la Ley de Educación para Personas con Discapacidades (IDEA), los programas de educación especial o un salón de clases autónomo son otra opción. Dependiendo de la gravedad de la discapacidad, el niño puede ser aprobado, pero esto puede requerir un poco de investigación de antemano.

Educación privada

Esta opción tiende a ser una buena opción para el niño con necesidades específicas que impactarán directamente en su educación. Hay dos tipos de escuelas privadas. Existe la escuela privada convencional y los centros de educación especial.

Escuela privada convencional

La mayoría de estas escuelas integran la instrucción religiosa con los estudios básicos. Un aspecto potencialmente ventajoso es que en este sistema escolar suele haber grupos más pequeños y, por lo tanto, apoyo adicional y atención adicional sin la necesidad de aulas autónomas. Esto permitiría al niño una mejor integración con sus compañeros, dándole al niño la sensación de que no son diferentes de sus compañeros.

Centros de educación especial

Para los padres que desean una educación específica más enfocada para su hijo con discapacidad, esta puede ser una opción adecuada. Las escuelas para discapacitados físicos, sordos o ciegos son abundantes y están especializadas para niños discapacitados con acceso a cursos, instructores y equipo. La educación privada tiene un costo más alto y no es adecuada para todos los bolsillos, pero hay becas para familias en riesgo o familias de bajos ingresos que vale la pena explorar. Para que los padres elijan, esto requiere que los padres observen los diversos aspectos de la discapacidad de su hijo y es algo que los padres deben comenzar a investigar lo antes posible con el objetivo a largo plazo de brindarle al niño la mejor oportunidad de éxito durante el resto de la vida. sus vidas.

Escuela en Casa

Para los padres que tienen la devoción, el tiempo y la paciencia, la educación en el hogar es una opción para quienes desean educar a sus hijos en casa. Para los niños con necesidades específicas, este puede ser un modo de educación muy beneficioso. La educación en el hogar es particularmente eficaz para los niños con movilidad limitada, patrones de sueño impredecibles y poca capacidad de atención que son problemas típicos de los niños con discapacidades. La educación en el hogar requiere el material didáctico y los recursos adecuados de los padres que se pueden adquirir en lugares como las organizaciones estatales y nacionales de educación en el hogar y las bibliotecas públicas. Estas mismas organizaciones también pueden ofrecer clases de arte, clases de música, excursiones y otras actividades para garantizar que el niño desarrolle sus habilidades sociales junto con su educación física y académica.

Si un padre está buscando complementar el programa educativo del niño, esta es una excelente opción para ayudar a los niños a comprender temas específicos que ofrece la educación individual. Otro beneficio es que la tutoría privada tiende a mejorar los hábitos de estudio y mantiene al niño encaminado. Estas sesiones individuales, debido a su naturaleza centrada en el tema, tienden a ser más rentables que las escuelas privadas.

Edad adulta

Para una persona que está pasando de la niñez a la edad adulta, este es un período hermoso pero desafiante, especialmente para los niños con discapacidades. Los padres deben ayudar y desarrollar un plan con el objetivo de que su hijo ingrese a la fuerza laboral y viva de forma independiente, con confianza y con la mentalidad adecuada. Ser autosuficiente se vuelve aún más desafiante cuando se combina con trastornos concurrentes y los factores estresantes emocionales normales relacionados con la edad que impiden el ritmo normal de aprendizaje. Puede ser fácil para un niño quedarse atrás en hitos educativos importantes, lo que le dificulta mantenerse al día con sus compañeros de clase. Para ello, una educación y un cuidado constantes y continuos son importantes para una transición sin problemas a la edad adulta de los niños con discapacidades. Cuanto antes un padre inculque lecciones de vida, mejor se adaptará el niño como adulto.

-Un padre bien informado tiene la ventaja de tomar la mejor decisión posible en nombre del niño

-Un padre debe investigar y agotar todas las pistas posibles para identificar al terapeuta y al pediatra adecuados que brinden el apoyo emocional y médico más adecuado.

-Con la ayuda y la consulta de profesionales, cree un programa de educación especial individualizado desde el preescolar

-Prepararse para la transición de un centro de atención médica pediátrica especializada a un médico de atención de adultos junto con los ajustes necesarios en la terapia

-El fortalecimiento de las habilidades motoras, la coordinación y el movimiento son terapias continuas necesarias para las funciones diarias

-Ayuda a desarrollar habilidades para afrontar la vida

-Educar al niño sobre cuál es exactamente su discapacidad y articular su historial médico y sus necesidades por sí mismos.

-Permitir oportunidades para que el niño socialice y cree amistades para desarrollar su confianza y habilidades de comunicación.

-Existen programas de desarrollo de la fuerza laboral que un padre puede explorar como una posible vía de empleo

-Existen licencias de conducir adaptadas para personas con discapacidad. Un padre también puede ayudar a educarlos con la navegación a los sistemas de transporte locales.

-Trabajar en las habilidades necesarias para mantener un lugar propio, desde pagar el alquiler y las facturas hasta limpiar e incluso cocinar para ellos mismos.

-Para algunas personas, salir de casa puede ser un pensamiento abrumador lleno de ansiedad, así que asegúreles de su apoyo continuo.

Unas últimas palabras sobre la inclusión en las escuelas

Esto ha demostrado constantemente que beneficia al niño con discapacidades y es una filosofía con la que estamos totalmente de acuerdo y nos encantaría ver más implementada en todas las áreas de la sociedad, no solo en las escuelas. La plena inclusión es el derecho a participar en la sociedad que pertenece a todas las personas de todos los potenciales. Se trata de aceptar las diferencias y tener acceso a la educación. No solo beneficiará a las personas discapacitadas, sino que se prestará a una sociedad más saludable que sea de mente abierta y lo suficientemente compasiva como para aceptar a todos como son. Solo si las escuelas y la sociedad comprenden la filosofía de la inclusión se puede dar un paso en la dirección correcta.

No debe tratarse de que la persona discapacitada trate de encajar en un entorno hostil y mal adaptado, sino de que todas las adaptaciones están en su lugar y que todas las personas interesadas han adoptado la mentalidad adecuada.

Todos los niños pueden aprender y todos los niños tienen derecho a aprender. Si no pueden aprender, significa que estamos haciendo algo mal. Es posible que estemos enseñando de manera incorrecta y no hayamos podido ayudarlos.

Es una tarea elaborada teniendo mucho en cuenta, pero en su momento y con la adecuada adaptación de esta filosofía, los beneficios bien valdrán la pena.

Referencias

Enabled Kids. (2013). *Why Your Child with CP Could Benefit From Inclusion.* Retrieved on February 18, 2016, from: http://enabledkids.ca/why-your-child-with-cp-could-benefit-from-inclusion/

United Cerebral Palsy. (2015). Educators. Retrieved on February 18, 2016, from: http://ucp.org/resources/education/educators/

Parent Center Hub. (2012). *Categories of Disability Under IDEA.* Retrieved on February 18, 2016, from: http://www.parentcenterhub.org/wp-content/uploads/repo_items/gr3.pdf

Cerebral Palsy World. (2016). *Cerebral Palsy & Education.* Retrieved on February 18, 2016, from: http://www.cerebralpalsyworld.com/cp_education.aspx

Home School Legal Defense Association. (2009). *Homeschooling and Special Needs Children.* Retrieved on February 18, 2016, from: https://www.hslda.org/strugglinglearner/sn_Klicka.asp

Kimberlee Bochek. (n.d.). *Special Education for Children with Cerebral Palsy (CP).* Retrieved March 03, 2017, from https://www.cerebralpalsyguide.com/community/special-education/

Ayuda para el Síndrome de Down

ISBN 978-9925-585-02-1

Todos los derechos reservados

Un libro para que los niños lean con adultos
COMPRENDIENDO MI AUTISMO
Ponte en mis Zapatos
Constantina Akrotiriadou, MBA Educación Especial
MBA Tecnologías de Aprendizaje & Comunicaciones
Y Mario Madureira, fundadora de Assistivemart